# 供给侧改革视域下的外贸企业创新驱动与资源配置路径研究

尤彧聪　易露霞 ◎ 著

北京理工大学出版社
BEIJING INSTITUTE OF TECHNOLOGY PRESS

## 内 容 提 要

本书通过分析当前我国外贸现状，基于供给侧结构性改革视角，研究在外贸供给侧结构性改革的宏观背景下，如何通过创新驱动和资源配置推动外贸经济发展与升级。本书从创新资源配置系统的理论渊源出发研究创新驱动的资源优化配置能力实现的内在机理，运用因子分析方法及 DEA-CR 模型实证创新驱动的资源优化配置绩效，并基于 DEA 评价结果及面板 Tobit 回归模型分析影响创新驱动的资源优化配置绩效的因素并提出外贸供给侧结构性改革政策建议。



**图书在版编目（CIP）数据**

供给侧改革视域下的外贸企业创新驱动与资源配置路径研究/尤彧聪，易露霞著. —北京：北京理工大学出版社，2018. 11

ISBN 978-7-5682-5030-6

Ⅰ. ①供…　Ⅱ. ①尤…　②易…　Ⅲ. ①外贸企业－经济资源－资源配置－研究－中国　Ⅳ. ①F279. 24

中国版本图书馆CIP数据核字(2017)第312310号

出版发行/北京理工大学出版社有限责任公司
社　　址/北京市海淀区中关村南大街 5 号
邮　　编/ 100081
电　　话/（010）68914775（总编室）
　　　　（010）82562903（教材售后服务热线）
　　　　（010）68948351（其他图书服务热线）
网　　址/ http://www.bitpress.com.cn
经　　销/全国各地新华书店
印　　刷/北京紫瑞利印刷有限公司
开　　本/ 710 毫米 ×1000 毫米　1/16
印　　张/ 10. 5
字　　数/ 192 千字
版　　次/ 2018 年 11 月第 1 版　2018 年 11 月第 1 次印刷
定　　价/ 58. 00 元

责任编辑/李玉昌
文案编辑/李玉昌
责任校对/周瑞红
责任印制/边心超

# 前　言 Preface

2016年政府工作报告将“推进新一轮高水平对外开放”作为“十三五”期间的重点工作之一，作为开放型经济发展重要内容之一的外贸发展，具有重要的决定性意义。近年来我国外贸增长乏力的事实引起学术界的关注。外贸增速下滑固然受到外需低迷等外部因素影响，但更重要的是与外贸“转动力、提质量”的转型发展效果欠佳有关。2015年习近平提出的“供给侧改革”在诸多领域引领发展、促进产业结构升级，商务部提出探索外贸领域供给侧改革，这为本课题研究提供了重大政策指导依据。

在供给侧改革大背景下，我国外贸必须寻求产品结构转型与升级。我国外贸亟待转型发展，加快推进外贸供给侧改革，是促进转型发展的有效途径。要用改革的办法从供给侧进行调整，包括供给内容结构和供给方式结构的调整，从而在供给层面上实现产品品质提升、价值链攀升、产业结构升级以及新型贸易业态发展等外贸转型发展的目标。我国必须强力推动外贸结构调整和产业转型升级，在技术创新、工匠精神培育、制度质量完善和外贸经验模式等领域，探索科学有效的对策措施。实施供给侧改革驱动发展战略，是我国主动适应经济发展新常态的必然选择，已经成为我国在经济国际化进程中面临的重大课题。

本课题对供给侧改革驱动的我国外贸转型进行深入研究，从中得出发展的优劣势，进而取长补短，有针对性地提出我国外贸转型发展的新路径，有利于我国外贸转型升级、实现外贸协调健康发展、进一步提高对外开放水平、增强国际竞争力。

本书通过分析当前我国外贸现状，基于供给侧结构性改革视角，研究在外贸供给侧结构性改革的宏观背景下，如何通过创新驱动和资源配置推动外贸经济发展与升级。本书从创新资源配置系统的理论渊源出发研究创新驱动的资源优化配置能力实现的内在机理，运用因子分析方法及DEA-CR模型实证创新驱动的资源优化配置绩效，并基于DEA评价结果及面板Tobit回归模型分析影响创新驱动的资源优化配置绩效的原因并提出外贸供给侧结构性改革政策建议。

本书受到广东省哲学社会科学“十三五”规划2016年度学科共建项目（广东外贸“供给侧改革”驱动发展路径分析，项目编号：GD16XYJ30）、广州市哲学社会科学发展“十三五”规划2017年度共建课题（供给侧结构性改革视域下的广州外贸企业资源配置和创新驱动路径研究，项目编号：2017GZGJ20）、广州工商学院2016年本科“质量工程”重点建设项目（在线MOOC示范课程，项目编号：ZL20161226）、广东省国际贸易特色重点学科项目和广东省职业教育信息化研究会2016—2017科研规划项目（“互联网+职业教育”商务英语课程建设信息化推广实践，项目编号：YZJY161739）的资助。

由于笔者水平有限，书中难免存在错误和疏漏之处，恳请广大专家和读者批评指正。

著　者

# 目　录 Contents

# 第1章 绪论

## 1.1 研究背景与问题提出

### 1.1.1 现实背景

2016年政府工作报告将“推进新一轮高水平对外开放”作为“十三五”期间的重点工作之一，其中外贸发展作为开放型经济发展的重要内容之一，具有决定性的意义。

2017年，我国对外贸易面临着较大的下行压力，外部环境不稳定和不确定因素有所增加，我国外贸发展面临的形势依然严峻复杂。当前，我国的对外贸易现状主要体现为三个方面，即金融危机以来的国际市场需求疲弱及需求不振使得消费品国际贸易缺乏增长动能；外贸企业的传统竞争优势正在减弱而新的竞争优势尚未形成；全球贸易保护主义导致贸易摩擦加剧，严重影响相关行业出口。这一系列的对外贸易现状引起了学术界的关注。虽然我国外贸现状面临的形势严峻复杂，面临的下行压力依然比较大，但是也处在结构调整步伐加快、新旧动能接续转换的关键阶段，长期向好的趋势没有变。随着外贸稳增长、调结构相关政策持续落地生效，进出口企业转型升级进程必然加快。

2015年习近平提出的“供给侧改革”在诸多领域引领发展、促进产业结构升级，商务部提出探索外贸领域供给侧改革，这为本书研究提供了重大政策指导依据。在供给侧改革大背景下，我国外贸必须寻求产品结构转型与升级。我国外贸亟待转型发展，加快推进外贸供给侧改革，是促进外贸转型发展的有效途径。要用改革的办法从供给侧进行调整，继续深化外贸领域的供给侧结构性改革，培育外贸新动能，大力实施创新驱动，推进国际市场布局、商品结构、贸易主体和贸易方式升级优化，从而加快外贸转型升级。要在促进出口的同时，更加注重提升出口的质量和附加值。要实施积极的贸易政策，促进我国的贸易平衡，进一步提高我国的贸易便利化水平，推进我国由贸易大国向贸易强国转变。实施供给侧改革驱动发展战略，是我国主动适应经济发展新常态的必然选择，已经成为我国在经济国际化进程中面临的重大课题。

本书对供给侧改革驱动我国外贸转型进行深入研究，从中得出发展的优劣势，进而有针对性地提出我国外贸转型发展的新路径，有利于我国外贸转型升级、实现外贸协调健康发展、进一步提高对外开放水平、增强国际竞争力。

党的十八大以来，创新驱动发展战略成为我国经济发展的核心战略。我国全面深化改革开放，在进入经济发展新常态的背景下，外贸转型升级的形势更加紧迫。当前，我国经济发展迫切需要加快由要素驱动向创新驱动的转变。如何才能更好地完成这一转变，加快我国对外贸易可持续发展的步伐，是非常值得研究的课题。为此，政府、企业、大学、科研等机构需要在政治、经济、文化方面共同努力，共同推动我国对外贸易实现创新驱动发展。同时，我国外贸企业应该重视基础研究，重点发展战略高技术及其产业，加快科技成果向现实生产力转化，以在国际经济、科技竞争中争取由投资驱动转向创新驱动。

从外部来看，我国实施对外贸易创新驱动发展战略是顺应国际发展潮流和国家政策的要求。当前，发达国家和发达地区经济增长的模式已从“投资驱动”转为“科技驱动”，尤其是美国，科技创新已经位于世界前列。韩国、日本等发达国家纷纷把推动科技进步和创新作为国家战略，大幅度提高科技投入。

从内部来看，我国实施对外贸易创新驱动发展战略是适应经济发展新常态的必然选择。我国历来是外贸出口大国，外贸为我国经济发展做出了卓越的贡献。改革开放40年来，我国经济社会的发展取得了巨大成就。然而，很多深层次的矛盾和问题也随着经济的高速发展而显现，靠土地与劳动力成本优势、规模速度型粗放增长的传统对外贸易发展方式已难以为继。因此，我国必须推动对外贸易结构调整和产业转型升级。这需要下更大决心、花更大力气实施对外贸易创新驱动发展战略。

面对后金融危机和欧洲主权债务危机对全球经济造成的冲击，如何促进我国传统的对外贸易发展模式转型升级，把我国创新驱动发展战略放在突出地位，融入经济建设、政治建设、文化建设、社会建设等各个方面和全过程，已经成为我国经济国际化进程中面临的重大课题。

### 1.1.2 本书研究的问题

**1. 拟解决的重点问题**

(1)供给侧改革驱动的政策支持问题。深入探索如何优化供给侧改革政策环境、政策框架，对我国出口贸易供给侧改革驱动进行有效的政策支持；如何结合各地实际，因地、因时地制定供给侧改革政策。

(2)供给侧改革驱动稳定住我国外贸增长率的问题。探索如何加快推进我国外贸供给侧改革，生产适销对路、质量优良的产品，在国际市场上寻求新的需求增长点乃至引领新的需求增长点。

(3)对供给侧改革驱动促进我国外贸可持续发展的对策研究。在实证研究的基础上，针对我国各地不同的经济发展现状，制定不同的供给侧改革驱动战略规划，并针对不同阶段的战略规划调整改革驱动的环境，确保供给侧改革驱动的有效实施。

**2. 拟解决的关键问题**

(1)创新驱动的政策支持问题。政府在我国出口贸易创新驱动格局中占有主导地位，本书探索如何优化创新政策环境、政策框架(如税务政策、知识产权政策、金融政策、法规政策、服务政策等)，对我国出口贸易创新驱动进行有效的政策支持；如何在制定创新政策的过程中既能完善创新驱动的宏观布局，又能结合本地实际，因地、因时地制定创新政策。

(2)我国对外贸易创新驱动的各个环节有效关联的问题。目前，我国对外贸易创新驱动的各个环节"政用产学研"之间的联系不够紧密，如何有效地整合资源，加强"政用产学研"之间的关系，形成各环节之间的良性互动，是需要进一步研究的问题。

(3)对创新驱动促进我国外贸可持续发展的对策研究。我国各个地区由于所处的经济发展阶段不同，所面临的创新驱动的环境也不同，因此在进行创新驱动时不能一味地模仿发达国家或城市的成功经验，而应当在大量实证研究的基础上，针对各地不同的经济发展现状，制定不同的创新驱动战略规划，并针对不同阶段的战略规划适时地调整创新驱动的环境，以确保创新驱动的有效实施。

### 1.1.3 核心概念界定

**1. 对外贸易(Foreign Trade)**

对外贸易也称"国外贸易"或"进出口贸易"，简称"外贸"，是指一个国家(地区)与另一个国家(地区)之间的商品、劳务和技术的交换活动。这种贸易由进口和出口两个部分组成。对运进商品或劳务的国家(地区)来说，就是进口；对运出商品或劳务的国家(地区)来说，就是出口。对外贸易在奴隶社会和封建社会就开始产生与发展，到资本主义社会，发展更加迅速。其性质和作用由不同的社会制度决定。提到对外贸易，经常会涉及贸易依存度，贸易依存度也称"外贸依存率""外贸系数”。一国对贸易的依赖程度，一般用对外贸易总额(进出口总值)在国内生产总值中所占的比重来表示，即贸易依存度=对外贸易总额/国内生产总值。比重的变化意味着对外贸易在国民经济中所处地位的变化。贸易依存度还可以用对外贸易总额在国民收入中所占的比重来表示，即贸易依存度=对外贸易总额/国民收入总额。外贸依存度分为出口依存度和进口依存度。出口依存度=出口总额/国内生产总值；进口依存度=进口总额/国内生产总值。对外贸易中普遍涉及价格竞争，价格竞争是依靠低廉的价格争取销路、占领市场、战胜竞争对手的一种竞争形式。当一国或企业与另一国或企业生产的产品在性能、效用、样式、装潢、提供的服务、生产者的信誉、广告宣传等各方面都相同或无差异时，国家或企业只有以低于其竞争对手的价格销售产品，才能吸引住顾客，使自己的产品拥有市场。产品在功能或外观上的差异一定程度上可以抵消这种竞争的效果。实际上，在我国外贸企业中经常出现的抄袭现象，无疑是使企业陷入恶性价格竞争的罪魁祸首。非价格竞争是指在产品的价格以外或销售价格不变的情况下，借助于产品有形和无形差异、销售服务、广告宣传及其他推销手段等非价格形式销售产品、参与市场竞争的一种竞争形式。由于社会经济的迅速发展，商品生命周期不断缩短，单靠价格竞争很难取得超额利润。同时，生产力的提高，使消费结构发生显著变化。因此，非价格竞争成为扩大商品销路的重要手段，其主要方法有：①采用新技术，提高管理水平，改进产品的质量、性能、包装和外观式样等。②提供优质的售后服务。③通过广告宣传、商标、推销手段等造成公众的心理差异。非价格竞争是垄断竞争的一种重要形式。

对外贸易的方式可以大体划分为以下几种：

(1)对等贸易。买方承担向卖方购买同等价值商品或劳务。

(2)展卖。在本国举办和参加国外举办的各种国际性博览会或集市，集中一段时间进行进出口贸易。

(3)加工贸易。来料加工、来件装配、来样加工，被称为“三来贸易”。

(4)补偿贸易。我方先以赊购的形式，从国外进口机器设备和技术等，待投产后，用所生产的产品和劳务偿还贷款的本金与利息。加工贸易和补偿贸易结合，通常称为“三来一补”。

(5)技术贸易。技术转让、技术引进。

**2. 供给侧结构性改革(Supply-side Structural Reform)**

2015年11月10日上午，习近平主持召开中央财经领导小组第十一次会议，研究经济结构性改革和城市工作。习近平强调，在适度扩大总需求的同时，要着力加强供给侧结构性改革，着力提高供给体系质量和效率，增强经济持续增长动力，推动我国社会生产力水平实现整体跃升。[①] 2016年1月26日，在中央财经领导小组第十二次会议上，习近平强调，供给侧结构性改革的根本目的是提高社会生产力水平，落实好以人民为中心的发展思想。[②] 2017年10月18日，习近平同志在党的十九大报告中指出，深化供给侧改革结构性改革，建设现代化经济体系，必须把发展经济的着力点放在实体经济上，把提高供给体系质量作为主攻方向，显著增强我国经济质量优势。[③]

供给侧结构性改革旨在调整经济结构，使要素实现最优配置，提升经济增长的质量和数量。需求侧改革主要由投资、推动消费、出口三驾马车推动，供给侧改革则由劳动力、土地、资本、制度创造、创新等要素推动。供给侧结构性改革，就是从提高供给质量出发，用改革的办法推进结构调整，矫正要素配置扭曲，扩大有效供给，提高供给结构对需求变化的适应性和灵活性，提高全要素生产率，更好满足广大人民群众的需要，促进经济社会持续健康发展。供给侧结构性改革，就是用增量改革促存量调整，在增加投资过程中优化投资结构、产业结构，开源疏流，在经济高速增长的基础上实现经济可持续发展与人民生活水平不断提高；就是优化产权结构，国进民进、政府宏观调控与民间活力相互促进；就是优化投、融资结构，促进资源整合，实现资源优化配置与优化再生；就是优化产业结构、提高产业质量，优化产品结构、提升产品质量；就是优化分配结构，实现公平分配，使消费成为生产力；就是优化流通结构，节省交易成本，提高有效经济总量；就是优化消费结构，实现消费品不断升级，不断提高人民生活品质，实现创新、协调、绿色、开放、共享的发展。

(1)改革内容。如果用一个公式来描述人们口头上所说的“供给侧改革”，那就是“供给侧＋结构性＋改革”。其含义是：用改革的办法推进结构调整，减少无效和低端供给，扩大有效和中高端供给，增强供给结构对需求变化的适应性和灵活性，提高全要素生产率，使供给体系更好地适应需求结构变化。

(2)改革实质。

①供给方式。供给侧改革实质上就是改革政府公共政策的供给方式，也就是改革公共政策的产生、输出、执行以及修正和调整方式，更好地与市场导向相协调，充分发挥市场在配置资源中的决定性作用。总之，供给侧改革，就是按照市场导向的要求来规范政府的权力。离开市场在配置资源中的决定性作用谈供给侧改革，以“有形之手”抑制“无形之手”，不仅不会有助于经济结构调整和产业结构

---

① 结构性改革该如何推进——解读中央财经领导小组第十一次会议．2015年11月10日．来源：新华网．

② 习近平：从生产领域加强优质供给．2016年01月27日．来源：经济参考报．

③ 习近平强调，贯彻新发展理念，建设现代化经济体系．2017年10月18日．来源：新华网．

调整，还会损害已有的市场化改革成果。

②供给结构。从我国政府“推动供给侧结构性改革，着力改善供给体系的供给效率和质量”等明确指示来看，供给侧改革就是以市场化为导向、以市场所需供给约束为标准的政府改革。从供给侧改革的阶段性任务来看，无论是削平市场准入门槛、真正实现国民待遇均等化，还是降低垄断程度、放松行政管制；无论是降低融资成本、减税让利民众，还是减少对土地、劳动、技术、资金、管理等生产要素的供给限制，实际上都是政府改革的内容。

(3)改革角度。从我国政府改革的角度看，供给侧改革可谓中国改革开放40年来最深刻的一次政府功能转变。经济结构调整、产业结构调整，要求政府在公共政策的制定和执行上，多方面降低对我国经济的供给约束，使产业、企业的自然活力非受限于作为公共政策供给方的政府约束。

**3. 创新驱动发展战略(Innovation Driven Development Strategy)**

创新驱动是指那些从个人的创造力、技能和天分中获取发展动力的企业，以及那些通过对知识产权的开发可创造潜在财富和就业机会的活动。也就是说，经济主要依靠科学技术的创新带来的效益来实现集约型增长，用技术变革提高生产要素的产出率。党的十八大明确提出“科技创新是提高社会生产力和综合国力的战略支撑，必须摆在国家发展全局的核心位置”，强调要坚持走中国特色自主创新道路、实施创新驱动发展战略。

中共中央、国务院2015年3月13日出台《关于深化体制机制改革加快实施创新驱动发展战略的若干意见》(以下简称《意见》)，指导深化体制机制改革加快实施创新驱动发展战略。《意见》共9部分30条，包括总体思路和主要目标；营造激励创新的公平竞争环境；建立技术创新市场导向机制；强化金融创新的功能；完善成果转化激励政策；构建更加高效的科研体系；创新培养、用好和吸引人才机制；推动形成深度融合的开放创新局面；加强创新政策统筹协调。

《意见》指出，到2020年，基本形成适应创新驱动发展要求的制度环境和政策法律体系，为进入创新型国家行列提供有力保障。《意见》要求，营造激励创新的公平竞争环境，发挥市场竞争激励创新的根本性作用，营造公平、开放、透明的市场环境，强化竞争政策和产业政策对创新的引导，促进优胜劣汰，增强市场主体创新动力。实行严格的知识产权保护制度，打破制约创新的行业垄断和市场分割，改进新技术新产品新商业模式的准入管理，健全产业技术政策和管理制度，形成要素价格倒逼创新机制。《意见》强调，发挥市场对技术研发方向、路线选择和各类创新资源配置的导向作用，调整创新决策和组织模式，强化普惠性政策支持，促进企业真正成为技术创新决策、研发投入、科研组织和成果转化的主体。[1]

实施创新驱动发展战略，涉及方方面面，是一项系统工程。当前，应抓住以下几个重点着力推进。

(1)细化战略目标。党的十八大报告提出，到2020年我国进入创新型国家行列。国际上普遍认可的创新型国家，科技创新对经济发展的贡献率一般在70%以上，研发投入占GDP的比重超过2%，技术对外依存度低于20%。目前，应将我国建设创新型国家的目标进行分解和细化，建立完成目标的组织架构和任务体系，让各部门、各层面、各单位按照明确的目标任务推进。

(2)提高自主创新能力。我国很多产业处于国际产业链的中低端，消耗大、利润低，受制于人。只有拥有强大的自主创新能力，才能在激烈的国际竞争中把握先机、赢得主动。提高自主创新能力，一是要瞄准国际创新趋势、特点进行自主创新，使我国的自主创新站在国际技术发展前沿；二是要将优势资源整合聚集到战略目标上，力求在重点领域、关键技术上取得重大突破；三是进行多种模式的创新，既可以在优势领域进行原始创新，也可以对现有技术进行集成创新，还应加强引进技术的消化吸收再创新。

(3)构建以企业为主体、市场为导向、产学研相结合的技术创新体系。首先，进一步确立企业的主体地位，让企业成为技术需求选择、技术项目确定的主体，成为技术创新投入和创新成果产业化的主体。其次，高校、研发机构、中介机构以及政府、金融机构等应与企业一起构建分工协作、有机结合的创新链，形成中国特色的协同创新体系。

(4)加快科技体制机制改革创新。建立科技创新资源合理流动的体制机制，促进创新资源高效配置和综合集成；建立政府作用与市场机制有机结合的体制机制，让市场充分发挥基础性调节作用，政府充分发挥引导、调控、支持等作用；建立科技创新的协同机制，以解决科技资源配置过度行政化、封闭低效、研发和成果转化效率不高等问题；建立科学的创新评价机制，使科技人员的积极性、主动性、创造性充分发挥出来。

**4. 资源配置(Resources Allocation)**

资源配置是指对相对稀缺的资源在各种不同用途上加以比较做出的选择。在社会经济发展到一定阶段，相对于人们的需求而言，资源总是表现出相对的稀缺性，从而要求人们对有限的、相对稀缺的资源进行合理配置，以便用最少的资源耗费，生产出最适用的商品和劳务，获取最佳的效益。资源配置合理与否，对一

---

① 深化改革加快实施创新驱动发展战略.2015年03月24日.来源：中国经济网—《经济日报》.

个国家经济发展的成败有着极其重要的影响。在经济学中，资源有狭义和广义之分。狭义的资源是指自然资源；广义的资源是指经济资源或生产要素，包括自然资源、劳动力和资本等。可以说，资源是指社会经济活动中人力、物力和财力的总和，是社会经济发展的基本物质条件。在任何社会，人的需求作为一种欲望都是无止境的，而用来满足人们需求的资源却是有限的，因此，资源具有稀缺性。资源的稀缺性决定了任何一个社会都必须通过一定的方式把有限的资源合理分配到社会的各个领域中，以实现资源的最佳利用。资源配置即在一定的范围内，社会对其所拥有的各种资源按不同用途进行合理分配。

资源配置的实质就是社会总劳动时间在各个部门之间的分配。资源配置合理与否，对一个国家经济发展的成败有着极其重要的影响。一般来说，资源如果能够得到相对合理的配置，经济效益就显著提高，经济发展就能充满活力；否则，经济效益就明显降低，经济发展就会受到阻碍。社会资源的配置是通过一定的经济机制实现的。这种经济机制主要有：①动力机制。资源配置的目标是实现最佳效益，在资源配置是通过不同层次的经济主体实现的条件下，实现不同经济主体的利益，就成为它们配置资源的动力，从而形成资源配置的动力机制。②信息机制。为了选择合理配置资源的方案，需要及时、全面地获取相关的信息作为依据，而信息的收集、传递、分析和利用是通过一定的渠道和机制实现的，如信息的传递可以是横向的或者是纵向的。③决策机制。资源配置的决策权可以是集中的或分散的，集中的权力体系和分散的权力体系有着不同的权力制约关系，因而形成不同的资源配置决策机制。

资源配置按照配置方式的不同可以划分为三种类型，即自然经济、市场经济和计划经济。在社会化大生产条件下，资源配置有以下两种方式：

(1)计划配置方式。计划配置方式是指计划部门根据社会需要，以计划配额、行政命令来统管资源和分配资源。计划配置方式是按照马克思主义创始人的设想提出的，在社会主义社会，生产资料将由全社会占有，商品货币关系将不再存在，因而资源配置的方式主要是计划，即通过社会的统一计划来决定资源的配置。苏联和与其同期的一些东欧国家，当时正是按照这一理论来进行实践的，它们把计划作为资源配置的主要方式。我国改革开放以前的一段时间，计划也曾经是资源配置的主要方式，而市场的作用受到很大的限制。计划资源配置方式在一定条件下有可能从整体利益上协调经济发展，集中力量完成重点工程项目。但是，配额排斥选择，统管取代竞争，市场处于消极被动的地位，从而易出现资源闲置或浪费的现象。

(2)市场配置方式。市场配置方式是一种依靠市场运行机制进行资源配置的方式。市场成为资源配置的主要方式是从资本主义制度的确立开始的。这种方式可以使企业与市场发生直接的联系，企业根据市场上供求关系的变化状况、产品价格的信息，在竞争中实现生产要素的合理配置。但这种方式也存在着一些不足之处，如由于市场机制作用的盲目性和滞后性，有可能导致社会总供给和社会总需求的失衡、产业结构不合理以及市场秩序混乱等现象。

**5. 外贸企业(Foreign Trade Enterprise)**

外贸企业是指有从事对外贸易(进出口)的企业，在国家规定的注册企业相关领域内，对合法产品有进出口经营权。它的业务往来重点在国外，通过市场调研，把国外商品进口到国内来销售，或者收购国内商品销售到国外，从中赚取差价。为了保护本国经济发展或民族工业，一般的国家都会制定一系列的政策、法律加以鼓励或约束外贸行为，一个企业要从事外贸业务，就必须得到相关国家的行政许可，即取得进出口权，否则就是非法交易。从事外贸的企业审批往往比较复杂，要通过海关、商检、银行、保险、商会、政府主管部门来实现，同时企业从事的活动还要符合 WTO 的相关规定和国际惯例。

**6. 产业集群升级(Industrial Cluster Upgrade)**

本书对产业集群升级的定义为：产业集群升级本质上是产业创新能力的升级，它以产业发展方式的转变为基础，目的是从根本上克服要素驱动型发展方式下导致的集群固化和消退的困境。创新能力的升级和资源要素的优化配置是产业集群升级的内部治理机制，通过创新驱动促使产业集群在国际上嵌入全球价值链，并沿之攀升，从而培育可持续的动态竞争优势，最终实现外贸企业在国际市场竞争能力的本质提升和区域经济的可持续健康发展。产业集群根植于特定的地理区域，所以其升级更具有区域特色和多样性，还囊括了区域文化、制度、环境等相关内容的升级问题。企业是产业集群升级的真正主体，产业集群内部的企业通过组织创新、技术创新以及产品创新等活动，促进企业自身价值创造能力的攀升，同时印证了产业集群升级的内在动力在于集群知识网络结构的优化的结论。

**7. 全要素生产率(Total Factor Productivity，TFP)**

全要素生产率的增长，通常称为技术进步率，是新古典经济学派经济增长理论中用来衡量纯技术进步在生产中的作用的指标的又一名称，它是以罗伯特·M.索洛(Robert Merton Solow)等人为首，从 20 世纪 60 年代以来发展的“增长核算”学派的一支，作为长期经济增长来源的一个组成部分。纯技术进步包括知识、教育、技术培训、规模经济、组织管理等方面的改善，但还不能具体化为或不能归因于有形的效率更高的资本设备、技巧更高的劳动、肥效更大的土地等生产要素的投入量增加，又称为非具体化的技术进步。全要素生产率的增长是指全部生产要素（包括资本、劳动、土地，但通常分析时都省去土地不计）的投入量都不变时，而生产量仍能增加的部分。要素投入驱动的区域经济增长是短效的，只有依靠全要素生产率驱动的发展才是确保区域经济成功转型与升级的驱动引擎。一个国家或地区的贸易开放性和对应的贸易制度质量对全要素生产率的增长起着十分重要的作用。完善的贸易制度和贸易政策可以通过促进技术创新与进步来大幅提高技术效率，加上全球化通过贸易途径发挥着技术外溢和知识扩散的重要渠道功用，合力驱动全要素生产率增长。全要素生产率的初始基础水平、对外贸易开放度、R&D研发资本等资源的配置效率，构成了对区域的全要素生产率增长的影响因素。全要素生产率一般指资源（包括人力、物力、财力）开发利用的效率。从经济增长的角度来说，生产率与资本、劳动等要素投入都贡献于经济的增长；从效率的角度来说，生产率等同于一定时间内国民经济中产出与各种资源要素总投入的比值；从本质上讲，它反映的是某个国家（地区）为了摆脱贫困、落后和发展经济在一定时期表现出来的能力和努力程度，是技术进步对经济发展作用的综合反映。全要素生产率是用来衡量生产效率的指标，它有三个来源：一是效率的改善；二是技术进步；三是规模效应。在计算上它是除去劳动、资本、土地等要素投入之后的“余值”，由于“余值”还包括没有被识别的带来增长的因素和概念上的差异以及度量上的误差，它只能相对衡量效益改善、技术进步的程度。诺贝尔经济学奖获得者罗伯特·M. 索洛提出了具有规模报酬不变特性的总量生产函数和增长方程，形成了通常所说的生产率（全要素生产率）含义，并把它归结为是由技术进步而产生的。

## 1.2 研究思路和方法

### 1.2.1 基本思路

通过对国内外相关理论文献进行梳理，回顾外贸转型升级理论方面的研究，全面分析当前我国出口贸易转型发展现状，调研我国外贸区域经济在国内进入“经济新常态”、国外面临“后危机时代”挑战的背景下，其转型升级如何贯彻和大力推进外贸供给侧改革，综合分析供给侧改革驱动的我国对外出口贸易发展的可行性，以提升外贸领域供给的服务和产品的质量为基本出发点，围绕有效的改革举措扩大有效和高端产品供给，探索我国对外贸易供给侧改革驱动发展新模式与路径，得出相应的合理结论，并据此提出相应的政策建议。

### 1.2.2　研究方法

本书采用的研究方法主要如下：

(1)分析法。理论分析与实际相结合，一方面，对贸易与供给侧改革驱动机理的相关理论进行归纳，对有关的文献研究进行综述；另一方面，对我国贸易的现实问题开展分析研究，指出在全球金融危机背景下供给侧改革驱动机理的新内涵，进而考察其与我国外贸的相互关系，结合对外贸易实际情况，从供给侧改革驱动机理与路径学、国际贸易学角度，探索我国对外贸易供给侧改革发展模式与路径。

(2)实证研究法。定性与定量分析相结合，在分析我国外贸中的能源消耗和现状时，通过相关的实证分析，考察我国对外贸易的供给侧改革驱动效益得失。

(3)调研与概括方法。包括宏观与微观两个层面的对策分析，在探讨我国外贸供给侧改革驱动发展的对策时，从政府和企业两个层面展开。宏观层面，政府要建立和实施供给侧改革驱动发展的外贸战略，构建供给侧改革驱动体系，促进我国贸易战略成功转型；微观层面，我国外贸企业要制定供给侧改革驱动发展战略，实现产品品质提升、产业结构优化和供给方式多样化等目标。

## 1.3　本书的创新之处

### 1.3.1　研究视角创新

本书对供给侧改革驱动的我国外贸转型发展路径进行探索，结合我国实际情况，在结构调整中扩大高端产品和服务供给，促进我国外贸可持续发展。供给侧改革是一种新的发展模式，目前国内对该课题的研究还处于起步阶段，而对将供给侧改革融入我国外贸转型发展的研究还是空白，因此，本书无疑将对我国外贸结构调整、产业升级、可持续发展起到引领作用。本书旨在通过分析供给侧改革发展现状及其对对外贸易领域的影响，考察在供给侧改革背景下我国外贸现状，并研究新时期我国外贸遇到的挑战和机遇，进而有针对性和前瞻性地探索实现供给侧改革驱动的我国外贸结构调整、产业升级的战略发展途径。

### 1.3.2　研究思路创新

**1. 研究特色**

本研究对我国对外贸易创新驱动发展的路径进行探索，并结合我国实际情况，提出创新驱动应作为我国对外贸易发展的战略核心。创新驱动是近几年提出的一种新的发展模式，目前国内对该项目的研究还处于起步阶段，而对将创新驱动融入我国对外贸易可持续发展的研究还是空白，因此，该研究无疑将对我国对外贸易结构调整、产业升级、可持续发展起到引领作用。

我国对外贸易创新驱动路径是一个螺旋上升的过程：以自主创新为根本，在创新生态环境中，使创新各个环节协同作用，通过“创新—创新措施调整—再创新—创新措施再调整”的循环上升过程，促进我国对外贸易创新系统的升级和我国经济的可持续发展。

**2. 研究创新点**

本研究旨在通过分析创新驱动发展现状与趋势及其在国际贸易领域的影响，考察在供给侧改革背景下我国对外贸易现状，并研究新时期我国对外贸易遇到的挑战和机遇，进而有针对性和前瞻性地探索实现创新驱动背景下新时期贸易与环境双赢的战略途径。本研究的创新点主要体现在以下方面：

(1)对外贸易创新驱动的政策支持。我国在对外贸易创新驱动格局中占有主导地位，如何优化创新政策环境、政策框架(如税务政策、知识产权政策、金融政策、法规政策、服务政策等)，对对外贸易创新驱动进行有效的政策支持？如何在制定创新政策的过程中既完善对外贸易创新驱动的宏观布局，又结合本地实际因地、因时地制定创新政策？对这些问题进行研究，对我国制定对外贸易创新驱动的支持政策有着现实的指导意义。

(2)对外贸易创新驱动各个环节之间的有效关联。目前，我国对外贸易创新驱动的各个环节“政用产学研”之间的联系不够紧密，如何有效地整合资源，加强“政用产学研”之间的联系，形成各环节之间的良性互动，是需要进一步研究的问题。

(3)我国对外贸易创新驱动发展模式的实证研究。我国由于所处的经济发展阶段与发达国家或城市不同，所面临的对外贸易创新驱动的环境也不同，因此在进行对外贸易创新驱动时不能一味地模仿发达国家或城市的成功经验，而应当在大量实证研究的基础上，针对当地不同的经济发展现状，制定不同的对外贸易创新驱动战略规划，并针对不同阶段的战略规划适时地调整对外贸易创新驱动的环境，以确保对外贸易创新驱动的有效实施。

本研究的创新点主要体现在以下两方面：

(1)增加“高端和有效供给”的我国外贸供给侧结构性改革。

(2)我国外贸供给侧改革发展模式的实证研究。

# 第2章　理论与文献述评

## 2.1　创新驱动的基本理论

### 2.1.1　创新理论的回顾

在经济学界，约瑟夫·熊彼特(Joseph Alois Schumpeter)被认为是最早使用创新概念的学者，他指出创新活动的内涵就是一种存在于经济体系自身的力量，这种力量不仅可以破坏均衡，而且可以再次恢复均衡，创新活动正是在这种对均衡不断破坏和恢复的循环过程中，推动了经济社会的发展。约瑟夫·熊彼特认为创新就是构建一种新的生产函数，即把一种从来没有过的关于生产要素和生产资源的"新组合"引入生产体系，相应的创新活动就是对"新组合"的执行。国内外学者对创新的应用领域和外延展开了大量的探讨与研究。当前的研究基本分为两大类，一类是以索洛为代表的技术创新学派，另一类是以 D. North 为代表的制度创新学派。技术创新学派对技术创新的研究主要是基于技术的变革、创新、外溢扩散等角度；制度创新学派通过把制度变迁与技术创新有机结合，进而深入研究制度变迁、技术创新和经济绩效三者之间的内在关系，主要强调制度框架安排对于微观技术创新和宏观经济发展的重要促进作用。20 世纪 80 年代末 90 年代初，以英国的 Freeman(1987)和美国的 Nelson(1993)为代表的经济学家通过综合技术创新理论和制度创新理论，提出了新的创新理论，即国家创新体系理论(National Innovation System Theory，NIST)。NIST 实际上将创新理论划分为微观和宏观两个层面与派别：一方面，以 Freeman 和 Nelson 为代表的国家创新系统宏观学派的学者立足于国家宏观层面，将宏观因素、社会制度和文化理念等因素与技术创新有机结合，从国家宏观制度设计的角度出发来考察国家创新系统的性质、结构和功用；另一方面，以 Lundvall 为代表的微观学派立足于微观层面，对企业、高校以及科研院所等创新主体之间的互动关系进行研究。在宏观、微观两个层面的基础上，迈克尔·波特(1990)在《国家竞争优势》一书中分析了国家创新系统的微观机制和宏观绩效之间的联系。

### 2.1.2 创新驱动理论研究综述

从相关文献可以看出，尽管涉及微观的企业个体、中观的产业集群以及宏观的国家等各个层面的研究对象，但现有文献呈现出“只见树木不见森林”的特点，未能形成从微观到宏观的整体研究思路，因而难以建立起完整而系统的创新驱动理论体系。

**1. 关于创新驱动的内涵**

迈克尔·波特是第一个把“创新驱动”作为一个发展阶段提出来的学者。他把一国或区域产业参与国际竞争的过程大致划分为四个阶段，各个阶段依次渐进。前两个阶段是“生产要素驱动发展阶段”和“投资驱动发展阶段”，这两个阶段主要依靠劳动力、自然资源以及资本投资驱动，渐进到第三阶段是“创新驱动发展阶段”，技术创新成为经济发展的主要驱动力，第四阶段是“财富驱动发展阶段”。迈克尔·波特(1998)指出，要实现价值链从低端层次过渡到高端层次，产业发展必须从前面的两个阶段的资源禀赋和资本驱动过渡升级到创新驱动的阶段。

洪银兴(2013)从转变经济发展方式的角度出发研究了创新驱动。他指出，创新作为社会经济发展的一个主要原动力，创新驱动实际上就是一种新的排列和新的组合，这种新的函数是依靠许多无形要素如知识信息资本、劳动力、人力资本和激励制度创新等来具体实现的，创新驱动是科技创新成果在生产和商业上的应用与扩散，通过商业化实现新资源要素的增长创造。洪银兴(2013)认为创新驱动的内涵是，通过利用知识、技术、企业制度与商业模式等无形创新要素，对现有的要素如劳动力、资本、自然资源等进行重新组合，创新驱动的最终目的在于以创新的知识和技术实现对物质资本的改造、对劳动者素质的提升和管理科学化，从而形成内生性产出增长。洪银兴(2013)认为与其他的传统要素相比，创新要素占据主导地位，同时，要素驱动和投资驱动都必须通过创新来进行驱动，创新驱动能够在相对减少传统生产要素投入的基础上促进经济的增长。洪银兴(2013)指出，我国的经济增长由物质资源要素推动向创新驱动转变，其实现内生增长的内涵是：经济增长依靠科技进步、劳动者素质提高和管理创新驱动。

许多经济学家从边际收益递减规律的角度出发，将创新驱动归因于传统要素资源的边际收益递减，即在资源供给有限的前提下，由于资源边际收益递减，所以保持经济持续增长必然导致对技术创新的要求，最终导致全要素生产率的提高。诺贝尔经济学奖获得者阿瑟·刘易斯总结指出，自然资源和传统资本在边际收益递减规律作用下，其投入对经济增长的贡献呈现的是一种递减趋势。因此，从长远来看，经济的发展取决于创新和知识的共同作用。

陈曦(2013)认为，发展中国家传统的经济发展模式不可持续，因而经济发展模式迫切需要转变，基于边际收益递减规律，必须实现经济发展模式由创新驱动代替要素驱动。创新驱动对经济发展的工作机理就在于依赖创新，通过生产要素的高度整合和集聚，以一种可持续的方式来进行社会财富的创造，从而驱动经济社会持续、健康、稳步地向前发展。张来武(2012)认为，经济发展的本质决定了创新驱动。他认为，如果继续认为劳动、资源、资本、技术乃至经济制度等要素的投入是经济发展的本质或源泉，那么将无法解决生产要素报酬递减和稀缺资源瓶颈等所带来的经济发展问题与困境。而“创新”正是通过生产要素的重新组合，以解决要素资源短缺和稀缺资源瓶颈问题的。扭转生产要素报酬递减趋势的关键在于提高资源要素的生产效率。创新驱动强调人类要通过智力资源去开发那些丰富的、尚未开发的自然资源，逐步取代已经面临枯竭的资源，以及通过智慧组合去节约或更加合理地利用现有的自然资源。因此，从这个意义上讲，知识资本和人力资本无疑构成了创新驱动发展的关键要素，由于这些要素资源具有非稀缺、非排他与非消耗等特性，所以它们呈边际收益递增趋势。

**2. 关于创新驱动机制**

现有的国内外文献对创新驱动机制的研究主要是基于技术创新的视角。许多学者认为技术创新是创新驱动的一个核心(洪银兴，2011；郭广银等，2011)，这表明了学术界对创新机制的关注点已由技术应用转向技术创新。陈曦(2013)从创新评价、创新人才、创新政策、创新文化等方面出发，分析了创新驱动的运行机制、动力机制、保障机制及提升机制等。

美国著名的创新经济学家、宾夕法尼亚大学教授 Schmookler(1966)提出，技术创新主要是由市场需求进行拉动的。美国麻省理工学院教授 Marquls 和 Myers(1969)通过对 5 类产业的 567 个创新项目进行抽样调查和实证分析，得出结论表明：大约 34%的技术创新动力来源于市场需求，约 15%的技术创新动力来源于技术自身，所以，在技术创新动力中，相较于技术自身而言，市场需求是一个更为关键的因素。也有不少学者从企业的内部和外部两个角度分别对技术创新的动力进行研究。王海山从社会大环境的角度出发研究技术创新，指出决定和影响技术创新的因素可以分为外原动力和内原动力两种。其中，外原动力来自外部竞争所带来的压力，内原动力由企业内部追求利润最大化的动机所致。清华大学傅家骥教授(1998)从宏观和微观层面研究指出，技术创新活动的激励在国家宏观层面上起着积极的作用，同时也与微观企业内部的动力有关，两个层面的激励共同构成技术创新动力的两个层次。这两个层面的激励具体可以细分为政府激励、企业激励、产权激励以及市场激励。这四种激励方式相互作用、相互协调、相互影响，共同构成企业技术创新激励系统。

### 2.1.3 创新驱动的内涵和实质

创新驱动的内涵和实质可以概括为以下几点。

**1. 创新驱动是一种新型的资源配置方式**

经济学的基本问题是研究如何实现对稀缺资源的优化配置。从这个角度来看，创新驱动实际上是一种新型的资源配置方式。按照约瑟夫·熊彼特的创新生产函数的说法，创新驱动是实现生产要素和生产资源创新组合的一种手段。创新驱动强调了知识、信息、科学技术、人力资本等创新资源要素在经济发展中所起的决定性作用，即通过利用技术进步和科技创新的手段，达到替代传统资源的目的，开辟新的资源；同时，通过对生产资源要素的优化组合，使得资源利用效率得以提高，最终实现全要素生产率的提升。从这个角度来讲，创新驱动型经济的目标是实现资源的有效节约、环境友好型社会的构建和可持续发展。创新驱动发展并非抛弃传统的资源要素，而是通过对创新要素的改造，达到对传统要素利用率的提升，并使创新要素在经济发展中发挥主导作用。

**2. 创新驱动是一种内生性的经济发展模式**

从经济发展的角度来看，创新驱动本质上是一种内生性的经济增长模式。经济增长理论在阐释经济增长主导因素和动力来源时，产生了如资本(哈罗德、多玛模型)、技术(索洛、丹尼森模型)、人力资本(舒尔茨、卢卡斯人力资本模型)、知识(罗默的知识推动模型)和经济制度(诺思、科斯等新制度经济学理论)等学说和观点。传统的经济增长理论普遍认为，经济产出或经济增长是一个依靠劳动力、土地、资本等物质资源要素投入的生产函数，相对而言，技术资源要素被认为是外生性的因素；新经济增长理论将知识资本与人力资本引入经济增长模型中，同时，把知识资本与人力资本共同推动的科技创新内化于物质资本中，提出了经济产出的三个决定性要素：知识信息的累积、科学技术的进步和人力资本的提高。创新驱动式的经济增长模式，就是通过对新经济增长理论所提出的知识、技术、制度等无形资源要素进行新的组合，内生性地促使投入的资本、劳动力、物质资源等有形资源要素创新组合、有效改造与优化升级，从整体上提高创新能力，最终实现经济的内生增长。

**3. 创新驱动是一个整体开放的有机系统**

从系统论角度来看，创新驱动是一个由一系列资源要素共同实现的有机系统，它具备社会性整合的开放性以及动态性。创新驱动整体系统的主要组成部分是主体、机制、资源以及环境，这些资源要素相互之间有机联系，共同协调构建驱动经济增长的一股合力。这些资源要素中，知识、技术、劳动力以及资本是创新活动的资源基础；政府、高校、科研院所、企业、服务中介机构等构成了创新活动的行为主体；市场运营机制、政府宏观调控和系统协调治理等是创新主体行为的调控因素，发挥着配置资源要素和提高创新效率的功用；宏观政策、行业法规以及社会文化等构成了创新活动的软环境；信息网络设施、科研设施、孵化基地等是创新活动的硬环境，它们发挥着保障、维系和促进创新活动开展的功用。可见，创新驱动是一个整体开放的有机系统，具有明显的四大特征：多要素整合、多主体参与、多层面创新以及多机制联动。

**4. 创新驱动是一个动态化联动的经济过程**

创新驱动源自科学发现，是一个动态化联动的社会经济过程，一般包含三个环节：一是科学发现和知识创新环节的联动；二是科学发现和知识创新孵化为新技术环节的联动；三是采用新技术环节的联动。各环节联动密切联系，形成环环相扣的创新联动链条，将社会需求、基础研究、应用研究、成果转化和产业化、市场开拓等创新环节与相关创新主体联结起来，从而使知识创新、技术创新、市场创新相互联动协调，发挥整体创新联动功能。

**5. 创新驱动是一个全局性的经济发展长远战略**

创新驱动是一个全局性的经济发展长远战略，其目标是培育整个经济系统可持续发展的动态竞争优势。在创新驱动战略的引领下，创新主体、创新资源、创新机制、创新环境多位一体，共同形成了一个立体化、全方位的战略支撑体系。创新驱动发挥着战略布局的功用，普遍适用于微观企业、中观产业区域乃至整个宏观国家等创新型经济系统。因此，要有效地实施创新驱动战略，必须研究创新驱动的机理，明确创新驱动的目标、方向、路径、重点以及对策和具体实施方案等。

## 2.2　对外贸易创新驱动发展理论

### 2.2.1　创新驱动的概念研究

创新驱动的概念最早是由美国学者迈克尔·波特在《国家竞争优势》一书中提出来的，他认为国家竞争力发展分为四个阶段，即要素驱动阶段、投资驱动阶段、创新驱动阶段和财富驱动阶段，而创新驱动是企业持续保持竞争优势、增强市场适应能力和竞争能力的原动力，它是以高技术和新知识作为最重要的资源，以增强企业的创新意识和创新能力，从而驱动经济的发展。

我国学者洪银兴(2011)从经济发展方式转变的角度，将创新驱动定义为：依靠知识资本、人力资本和激励创新制度等无形要素，实现要素的新组合，是科学技术成果在生产和商业上的应用和扩散，是创造新的增长要素。刘志彪(2011)从经济增长动力转变的角度指出，创新驱动是推动经济增长的动力和引擎，创新意味着从主要依靠技术的学习和模仿，转向主要依靠自主设计、研发和发明，以及知识的生产和创造。

此外，我国还有学者从创新驱动的过程对创新驱动进行了定义。张银银等(2013)认为：创新驱动是一个系统工程，分为前端驱动阶段、中端驱动阶段和后端驱动阶段，前端驱动是知识的创造和积累，中端驱动是科技成果的转化，后端驱动是直接面向市场。在创新资源分布不均的前提下，三个不同的阶段要素相互影响、相互作用，形成复杂多样的创新生态系统。陈勇星等(2013)认为：创新驱动分为广义和狭义两种。广义的创新驱动是指从资源投入到创新活动，再到驱动活动，最后到实现经济社会全面协调可持续发展的全过程；狭义的创新驱动仅指创新和驱动两个子过程。在创新驱动的过程中，先有创新后有驱动，创新是驱动的前提条件，而驱动是创新的必然结果。

### 2.2.2 创新驱动的重要性研究

马克(2013)认为，在新的经济发展方式形成过程中，创新驱动发展处于枢纽环节，其既是增强创新驱动发展新动力的重要目的，又是激发市场主体发展新活力、增强创新驱动发展新动力、构建现代产业发展新体系和培育开放型经济发展新优势的重要影响因素，还影响着市场主体活力、现代产业体系与开放型经济优势三者之间的相互关系，已经成为新的经济发展方式形成过程中至为关键的一环。张来武(2013)认为，改革开放 40 年来我国社会经济发展取得了举世瞩目的成就，但也存在一些问题，其中最大的问题是发展水平低，根据迈克尔·波特的经济发展四个阶段说，我国现在正处于生产要素驱动与投资驱动并重的发展阶段，走创新驱动发展之路是我国全面建成小康社会的必然选择。刘志彪(2011)认为，要打破对原有的“后发优势”的依赖，转入“先发优势”的新的发展轨道，在制度创新的保障下，将创新驱动作为跨越中等收入陷阱的主要武器。任保平(2015)认为，我国已经依靠“要素驱动”成功跨越了低收入国家的“贫困陷阱”，现在经济发展要素禀赋条件(如自然资源、体制转轨、人口、投资、外资和外贸等)发生了新的变化，要素驱动模式难以为继，需要依靠创新驱动实现可持续发展、经济结构的转型升级、国际竞争力的提高。

由此可以看出，目前我国经济虽已取得了飞速的发展，但由于原有的经济环境已经发生了新的变化，低水平的经济发展模式已经严重阻碍了我国经济的发展，而创新驱动是突破发展瓶颈的关键，是适应新的经济环境的有力保障。

### 2.2.3　实施对外贸易科技创新的内容研究

洪银兴(2011)认为，对外贸易科技创新的实质是科技创新，包括上游环节科技创新(科学发现和知识创新)、中游环节科技创新(孵化新技术)和下游环节科技创新(采用新技术)。企业是科技创新的主体，科技企业家是科技创新的组织者，创新园区是科技创新的载体，科技创新通过产学研平台、创新人才制度和高效的创新政府，打造创新型经济体系。张银银等(2013)从传统产业转型升级的角度，将对外贸易创新驱动分为前端驱动(传统产业促进知识积累、学习和创造)、中端驱动(传统产业中的部分传统企业的新技术、新产品研发的成果转化)和后端驱动(传统产业向战略性新兴产业转型升级的整个过程)三个阶段。这三个阶段是相互影响、相互作用的循环过程：在传统企业转型的初期，三个阶段可以独立作用于转型的某个环节或阶段；当传统企业转型升级步入正轨时，三个阶段在空间上并存、在时间上继起。

陈勇星等(2013)强调要真正实施创新，以驱动经济社会全面协调可持续发展，在环境系统的影响下整个对外贸易科技创新过程必须依次经过四个环节：集中人、财、物等创新资源；开展基础研究、应用研究和开发研究等创新活动；通过各种活动把创新成果商业化、产业化和社会化；在对外贸易科技创新作用下促进经济社会发展。环境系统对创新过程的四个环节会产生全方位的影响。赵志耘(2014)从经济增长的短期(需求侧)和长期(供给侧)着手进行分析，并指出对外贸易科技创新发展的关键是人力资本的提高、企业创新活力的增强和制度创新。张来武(2013)认为，对外贸易创新驱动要以人为本，打造先发优势和企业家驱动，关键是要创新改革的形式，更多地依靠诱导性制度变迁来推进改革。任保平(2015)指出，经济发展方式转变的对外贸易科技创新不是单一方面的创新，而是一种综合创新：以产业创新形成新型产业体系；以科技创新形成完备的技术创新体系；以产品创新形成新市场和经济增长点；以制度创新为经济发展方式转变提供保障；以战略创新形成具有自主知识产权的协同创新体系；以管理创新提升各类创新绩效；以文化创新提供精神动力和智力支持。肖文圣提出，对外贸易创新驱动既需要科技创新方面的“硬创新”，也需要国家制度创新方面的“软创新”，创新机制、创新市场、创新体制、创新政策等方面的“软创新”能够为“硬创新”提供保障和激励。

从以上的研究中可以看出，在新的经济环境中，对外贸易创新驱动是一种涉及多方面的综合性创新，这种创新以科技创新为实质，以人、财、物等作为创新的基础资源，通过企业、制度、政府间相互协同作用，驱动经济的全面发展。

### 2.2.4 实施对外贸易科技发展的路径研究

马克(2013)认为，传统路径下的对外贸易科技创新发展是线性的、被动的，而新型路径下的对外贸易创新发展已经发生了本质的变化，从多类型创新到创新效益模拟，创新政策和创新方向及时地调整、再创新，以及再创新效益模拟，再到经济高级发展的网络路径。要实现由传统路径向新型路径的转换，需要四个方面的突破，即创新文化建设、创新理论研究、创新体系建设、创新制度建设方面的突破。

陈曦(2013)认为，对外贸易科技发展战略的路径选择是：在对外贸易科技发展基本格局中，确立以政府为主导、企业为主体，中介机构积极参与、研发机构和科研人员为创新源的创新主体系统，并明确各自的职责，运用多种创新方法实施对外贸易创新驱动战略。各个主体协同合作，共同搭建出产业集群创新平台、公共服务创新平台和科技创新投融资平台，提供明确具体的物质载体和有力支撑，进而科学驾驭驱动机制，保障平台正常运行和对外贸易创新驱动的可持续发展。夏天(2009)认为，对外贸易科技发展要以自主创新为根本，同时政府要出台一系列鼓励科技发展的政策，抓好实体经济，在扎实的基础上，进一步完善与科技发展相关的金融制度，抓好虚拟经济，防止实体经济与虚拟经济背离。吴锋刚等(2013)认为，实施对外贸易科技发展的路径是应根据不同的资源禀赋条件和发展环境来选择对外贸易创新驱动进入战略。从短期来看，可采取创新聚焦策略来突破创新系统的瓶颈，并带动创新其他阶段的发展；从长期来看，创新阶段依次突破发展瓶颈后，可通过更加开放的网络系统来驱动创新，从而推动整个创新系统的升级。

## 2.3 产业集群升级理论综述

### 2.3.1 产业集群

学术界对产业集群的研究十分丰富。基于不同的研究视角，学者们对产业集群有着不同的界定。学术界普遍认同的是“竞争战略之父”、美国哈佛大学教授迈克尔·波特所给出的定义。迈克尔·波特指出，产业集群是在某一特定的领域内的一个聚集体，这个聚集体内部有着彼此之间相互关联的一系列的企业或机构。

### 2.3.2 产业集群升级的内涵

**1. 基于产业集群区域网络的视角**

朱海燕(2009)指出，在全球化的背景下，产业集群升级是指处于某一特定阶段的产业集群获取持续竞争优势的一种行为，该行为主要是通过完善企业之间的网络关系、推动集群内的知识创新以及实现知识结构的优化等路径来实现原有竞争优势的维持或提升。王娇俐等(2013)指出企业是产业集群升级的真正主体，产业集群内部的企业通过组织创新、技术创新以及产品创新等活动，促进价值创造能力的攀升，并得出产业集群升级的内在动力在于集群知识网络结构的优化的结论。豆玲(2012)研究动态的产业集群生命周期，并以此研究产业集群升级，指出产业集群升级的关键在于经济发展方式的转变，经济发展方式的转变可以完善产业网络，从而不断优化产业结构和产品结构，最终获取持续竞争优势。

可见，上述研究都共同指出了产业集群升级的本质属性：产业集群发展的可持续性，产业结构的优化，产业集群网络的合理化，产业集群发展资源要素的投入合理配置以及核心竞争优势的建立。

**2. 国际分工和经济全球化的视角**

在经济全球化的背景下，国际层面的产业集群已经跨越一国或区域的界限，形成了一个全球各国或地区参与的产业网络。张辉(2006)从集群网络嵌入全球价值链的角度出发来研究产业集群升级，指出通过加强集群内部经济业务合作网络建设，加强集群系统与全球企业的外部联系，从而将集群网络逐步地嵌入全球价值链中，这一过程可以不断增强集群竞争力。梅丽霞等(2005)强调产业集群的升级从全球范畴来看，在于提高区域化产业集群在全球价值链上获取附加值的能力，这种能力具体可划分为技术创新能力、知识创新能力和社会资本创新能力。魏杰(2004)从全球产业价值链角度出发，指出产业集群升级集中体现为获取高附加值能力的提升，其实现路径在于从产业价值链的低端环节向高端环节的过渡，即从制造加工过渡到研发设计、服务营销等“微笑曲线”两端的环节。王传宝(2009)指出，产业集群升级的实质在于区域性产业集群在全球产业价值链上价值获取能力的不断强化，体现为产业集群体系的整体优化。

国外文献也多集中于从全球产业价值链角度出发来研究产业集群的优化升级。Gereffi(1999)指出，产业集群升级是一个集群创新能力和自主研发能力持续提升的动态过程，体现为在全球价值链范围内的产业集群获取价值能力的提升。Gereffi具体划分了产业集群升级的四个阶段，即从委托组装(OEA)—委托加工(OEM)—自主设计和加工(ODM)—自主品牌生产(OBM)的由低端层级到高端层级逐级上升的阶段。Kamplinsky 和 Morris(2000)从产出的角度出发，指出产业集群升级的目标在于为全球产业价值链提供更好的产品和更有效率的服务。Humphrey 和 Schmitz(2002)将全球产业集群升级具体划分为产品升级、功能升级、工艺升级和产业间升级四个方面。

## 2.4 外贸供给侧结构性改革理论与文献综述

### 2.4.1 研究文献综述

#### 1. 国外供给侧结构性改革研究文献综述

供给侧改革或供给端改革思想的出现与经济学史的发展一样，有着悠久的历史渊源。学术界一般认为，供给侧改革的渊源可以追溯到“萨伊定律”和供给学派，后来的经济学家，包括萨伊本人、供给学派及其他的经济学家，特别是新供给学派，对供给侧的改革提出了各种比较具体的理论假设并进行了实际应用，还具体向供给管理决策者提出了建议与对策。经济学家，特别是新供给学派越来越重视供给侧的改革并对供给侧的改革进行了经济上的研究和理论归纳。在经济学史上，“供给(Supply)”和“需求(Demand)”这两个重要的经济概念也是“手牵手”式随之演变和交替被重视，实际上，“供给”和“需求”是交替占据主导地位的。在 17 世纪末 18 世纪初，“萨伊定律(Say’s Law)”是最具有供给管理特色的一个理论，萨伊定律由法国经济学家萨伊提出，这一定律直至今日依然对世界经济的发展有着很深远的影响。

在 20 世纪 30 年代，美国出现了第一次经济大萧条，并由此产生了“The Great Depression”一词。当时美国政府试图按照萨伊定律来挽救这场危机，然而当时的美国经济发展并没有出现起色或复苏。美国人开始对这一定律产生怀疑，此时，凯恩斯(Keynesian)出现了，他的出现代表着萨伊定律开始走向衰退。凯恩斯认为，是人们消费的欲望不强而导致需求不足，从而引起了美国 20 世纪 30 年代的经济危机。凯恩斯指出，此时美国重视供给是不能解决其根本的经济性问题的。他还强调，之所以出现“The Great Depression”这个问题，是因为：消费倾向边际递减直接导致了消费需求的不足，而资本边际效率的递减和流动性偏好这几个共同合力作用下引起了投资需求的严重不足。凯恩斯指出，美国应注重激发内部需求，刺激美国经济消费，增加美国经济的发展活力。因此，凯恩斯建议美国政府加大政策干预，限制市场的不合理竞争，采取相关的需求管理政策。凯恩斯尤其提倡财政政策，认为政府应通过实行预算赤字政策来达到总需求增加的目的，通过扩张性的财政政策，使得美国人的收入得以增加，而收入的增加可以使美国人更愿意去购买商品，这样一来就能够直接刺激美国经济市场活力与动力的恢复，从而改善生产者危机，最终消除“The Great Depression”和经济危机。凯恩斯的这一主张被归为以“需求管理”为核心理念的一种新的政策理论，使得以“供给管理”为核心理念的政策在美国乃至世界经济中的地位受到了空前的挑战，产生了动摇。到了20世纪60年代末70年代初，美国经济又出现了“滞胀(Stagflation)”，这导致凯恩斯主义的以“需求管理”为核心理念的政策开始走下坡路，因为这一政策在实施时，“滞胀”并未迅速消失。于是，供给学派[以拉弗(Laffer)为代表]、理性预期学派[以卢卡斯(Lucas)为代表]、公共选择学派[以布坎南(Buchanan)为代表]等各大理论学派兴起，这些新兴的理论学派反对过度的人为干预，强调以“供给管理”为核心理念的管理理论。供给学派的经济导向是里根—撒切尔主义(Reagan - Thatcherism)。在冷战后期和经济停滞危机后，为了解决美国经济在1970年和1980年所面临的“滞胀”现象，美国已然在高通货膨胀率和经济下滑衰退的双重情况下失去了方向。在出现“滞胀”和战后经济亟待复苏的情况下，人们加剧了对凯恩斯主义的模式失灵的怀疑，此时凯恩斯主义的加大刺激需求无效，使得经济不但没有增加，反而出现了更大的下滑。在20世纪80年代初，刚刚上任的里根政府从供给侧下手实行了改革，以减税、削减财政支出、实行紧缩货币政策和减少社会福利等使得美国的经济在经历短暂的阵痛后，成功地得以恢复并再次走向繁荣。这为后来的美国逐步走向经济强国做了一个奠基。里根政府实行的这一系列供给改革(包括紧缩的货币政策和紧缩的财政政策，减少“有形的手”的干预)，使得美国本国货币升值，增加了出口，促使美国外贸收入增加，改善了美国社会的经济现状。虽然美国当时的供给侧改革是通过美国政府的政策来进行调控的，但因为国家间的经济情况和时空国情差异化及环境的不同，美国当时的供给侧改革显然与当前我国的供给侧结构性改革是不同的，具有差异性，里根经济学和撒切尔主义都提倡并实际使用货币政策来收紧各自的经济社会流通货币，只是里根经济学的侧重点在于减税，而撒切尔主义的侧重点在于对国有企业进行私有化。里根经济学和撒切尔主义两者都是主张、倡导和实际推广经济自由主义的，无论是减税，还是降低企业进入门槛、放松各种控制都减少了人为的过度干预，刺激了市场活力，改善了经济发展状态，促进了经济自由竞争发展。从长远来看，这些改革措施对于提高微观经济效率成效明显，并最终增加了两个国家未来经济增长的潜力。但其面临的问题是，供给效率的提高是否可以在短时间内创造新的或更大规模的社会总需求呢？如果可以，这一理论将替代凯恩斯以“需求管理”为核心理念的政策的作用。美国的供给学派最终给出了一个明确的历史性回答。他们基于萨伊定律，指出微观效率的提高将会导致社会供给的增加，而社会供给的增加将会直接带来相关产业收入的快速增长，最终这种产业收入的快速增长将被传递给消费者的需求。然而，里根总统在美国的“实验”表明，即使美国政府进行了必要的改革，美国的企业也不可能在总体盈余环境中产生动力，那么美国微观经济效率的提高并不一定发生在美国整体经济衰退中。为了增加美国产品供应，萨伊定律的逻辑链其实在实际中不一定能传递。后来的新古典经济学中的供给侧改革，在逐渐走回萨伊定律。但是从上述可见，尽管萨伊定律与里根—撒切尔主义二者都提倡供给管理政策，但它们的主张却背道而驰。基于以上分析，对于供给侧改革的理论研究，必须结合我国实践和实际的经济状况，才会更加准确和有效。我国近几年来，特别是 2015 年以来，对于供给侧改革的提出和研究层出不穷，是由于我国步入了经济新常态，结构性经济问题的日益凸显和经济亟待转型都迫切需要我国积极地做出供给侧层面的政策改革。

**2. 国内供给侧结构性改革研究文献综述**

供给侧改革这一理论的实际应用不只是在美国和英国，日本等其他国家在改革发展的过程中也曾相应地实施过各自的供给侧改革。但是，由于各国的国情和经济发展基础不同，供给侧改革的层次也有所差异，所以在经济危机出现时，针对不同国情和经济发展情况下的供给侧改革的措施是有一定的异质性的，有的供给侧改革侧重点在于提出应对经济发展转型、经济结构调控等危机的措施，还有的供给侧改革侧重点在于提出与政府宏观层面有关的货币政策、财政政策等。我国当今面临的主要经济问题并不是美国当年遇到的“滞胀”，所以英国、美国等国的一些经济理论和实际政策不能照搬，必须考虑其对我国国情和经济发展情况的适合度。虽然我国没有出现美国当年遇到的“滞胀”，但进出口贸易增速减缓(即“衰退式增长”)、经济的结构性失衡等问题仍不能忽视。所以，自 2013 年开始，便有专家和学者开展对供给侧改革的研究，而且研究越来越广泛和频繁。近年来，洪崎、贾康、滕泰、许林、姚余栋、李万寿、白重恩等一批专家、学者以及外贸企业家等，都开始围绕新常态下的中国经济，特别是外贸经济到底应该如何开始供给侧结构性改革展开研究，并做出了重大的研究贡献，他们成为供给侧结构性系列理论探索和供给侧结构性政策提供的学术倡导者。

杨沫等(1983)最早在现有文献中强调了在高速发展的经济中，由于对外贸易的商品结构出现过于集中的特征，所以必须从供给侧的角度对经济结构进行改革以促进和实现经济结构的优化。他分析指出，虽然对外贸易的发展十分迅速，但是过于强调需求，会导致有效供给的不足与缺失，所以增加有效供给是宏观调控的一个重要环节。张晋生(1999)认为，如果过于强调和夸大财政政策的功用，会对经济不利，所以应淡化过于积极的财政政策，与此同时，必须从供给管理方面强化经济竞争力。而且，“有形的手”的人为干预作用会由于对于市场的把控程度不同而导致对于经济本身发展的规律化的忽略，这就必须由供需之间应有的市场的自我调节以实现经济恢复到下一个新的平衡点。刘伟等(2007)通过研究供给管理和需求管理各自的作用对象，发现供给管理和需求管理各自的产生作用有着不同的异质性方法与策略，基于供给管理和需求管理在经济应用中的效果不同进行比较，最后得出结论：供给与需求是一国和区域经济发展的两个最重要的方面，经济发展不能只注重其中一个方面，必须使供给管理和需求管理两方面实现平衡，否则不利于一国和区域的进出口贸易，特别是外贸经济的平衡发展。滕泰(2013)主张在淡化总需求管理的前提下，提供有效的供给侧改革来全面推动经济发展。基于当前我国经济发展迅速，但是隐存的问题仍然存在的情况，他提出必须从供给侧的角度出发推动改革的政策主张。李婷(2015)认为，在经济新常态背景下，供需必须回到平衡状态。经济发展是有一定规律可遵循的，我国经济发展之前过度强调了需求侧对经济的拉动，这过度依赖了需求侧的短期效益影响，但是，金融危机后，需求侧的发展已经明显地出现了后劲不足，显现出我国经济发展的不平衡性，所以供给侧结构性改革的提出，正是从“结构性”方面为我国经济的顺利转型升级，以及积极面对特殊经济时期，特别是为了实现外贸经济发展的再平衡发展而采取的有效措施。胡鞍钢等(2016)提出，我国的供给侧结构性改革是具有中国特色的宏观调控，必须立足于本国的相关政策，做好相应的供给侧结构性改革措施。我国的供给侧结构性改革是一个基于我国的基本国情的宏观调控政策，很好地结合了我国外贸的发展现状及所遇到的问题，外贸供给侧结构性改革肩负着发展的任务，改革对于增加新的经济增长点特别是全面激发外贸经济潜力，具有十分重大的意义。

### 2.4.2　供给侧结构性改革的理论与实践

自 2015 年以来，中共中央多次提到供给侧改革这一概念。虽然供给和需求都在不同的历史时期被不同层次地提及与强调过，但是，供给侧结构性改革逐渐得到中央的重视还是要从近几年开始。在中央财经领导小组会议上，这一改革政策首次被提出。会议提出，在不改变总需求的前提下，努力地加强供给方的结构性改革，使供给侧改革落到实处，最重要的是提高供给侧的质量和资源要素生产的配置效率。

**1. 供给侧结构性改革概述**

(1)供给侧结构性改革的概念。供给侧结构性改革，就是要从平衡供给和生产这两个主要方面入手，通过解放生产力、发展生产力、提高要素资源的生产率、优化生产环节中要素资源的配置问题，努力提高企业的国际竞争力，促进经济转型以及顺利升级。长期以来，我国经济的增长主要通过需求侧的改革来实现，以需求为中心驱动外贸经济进步，特别是以“三驾马车”为主要手段的经济发展模式所导致的供给矛盾日益凸显。“三驾马车”着眼于扩大投资需求、消费需求和净出口增长，进一步深化了供给结构性矛盾。就目前而言，如果需求侧的刺激仍然持续，效果不仅越来越弱化，经济也会遭受下行的压力。学术界普遍认为，供给侧结构性改革的核心，就是要在供给侧(端)推出更好的产品，来满足需求侧，解决相应的供需不匹配的结构性矛盾问题。按照西方经济学的概念，需求是指有支付能力的有效需求，需求实际上是需求欲望和需求能力的统一。总需求包括“三驾马车”，即消费、投资和净出口。供给是指生产者愿意并能够为市场提供商品或服务的数量。供给实际上是供给欲望和供给能力的统一。狭义的供给是指生产者愿意并能够在一段时间内按照某一价格水平所提供的商品或服务。广义的供给是指能够推动经济发展，能够提高单位内的经济效率，这样所形成的所有的“供给侧”要素资源。另外一个重要的概念“供给侧强度”，指的是在“供给侧”要素资源的投入中有多少因素，它是供给包含的一个宽度，包括经济主体、最基本的生产资源要素及资源要素的升级。供给与需求是经济辩证统一的两个方面，既互相联系，又相互促进。供给侧结构性改革一直强调现阶段的重点任务是“三去一降一补”，这个任务可以看作供给侧结构性改革的长期宏观目标的一个子目标。“三去一降一补”作为一项阶段性的任务，指出了供给侧结构性改革当前存在的亟待解决的主要问题，并且基于该问题明确提出了改革的主要内容和具体改革任务。所以说，“三去一降一补”代表着供给侧结构性改革近期的任务和目标，供给侧结构性改革是一个规划了的长远宏伟蓝图。同时，对于“三去一降一补”的推进，必须始终坚持对体制机制的完善，充分发挥市场作为决定性因素的功用，发挥政府服务作用，积极配合和全面推进供给侧结构性的改革，大幅度提高供给侧资源要素的活力，实现对新增长点的促进、激发潜在竞争力的战略目标。

由以上所描述的供给侧强度所包括的几个方面可以看出，供给侧改革的内容是十分广泛的，但我国供给侧改革的重点可以归纳为：清理无效供给，提高供给品质；改革财政政策，合理配置要素；积极推行体制改革；协调供给与需求的关系；促进创新，鼓励创业。

(2)供给侧结构性改革的特点与实质。供给侧方面的改革，主要是刺激供给侧方面，使其回到创新的根源，实施结构优化，强调有效供给的增加，建立新的实体发展体系，以迫使供给侧方面迅速摆脱现有的困境，释放供给侧方面的增长红利，实现中长期的宏观调控目标。

供给侧结构性改革具有三个主要特点：第一，鼓励创新创业(双创)。“双创”鼓励企业与创业者主动地发挥各自作为经济市场主体的能动作用，让市场形成自由竞争，政府主要发挥其服务监督的作用。第二，解决经济的可持续健康稳定发展，在于解决中长期的经济问题并由此激发和挖掘经济未来发展的潜力。第三，制度层面的变革和完善，这是一种对宏观层面的把控。

供给侧结构性改革的实质是：第一，形成经济新主体功用，“有形的手”在资源配置和经济管理中的主体地位如果过高，会干预经济的健康稳定发展，所以应该发挥“有形的手”的正确作用。必须鼓励企业、创业者和企业家的精神，使其可以积极地发挥带头作用，主动地投入经济市场中，实现创新与创造发明；要让市场自主地去配置要素资源，遵循市场客观发展的规律，有序地优化和实现要素资源的合理配置，使市场起到决定性的主导作用。第二，通过供给侧结构性改革，进一步在供给侧发现新的经济增长点，以实现我国对外贸易保持领先的经济地位并且获得更多的对外贸易福利，再把这个供给侧点培育成新的增长动力，通过进一步的创新与创造发明，提高全要素生产率，提高要素资源的利用率，最后努力实现经济的可持续健康稳定发展。第三，开发供给侧创新产业，将供给侧创新应用到生产中，即一方面清理那些“僵尸”产业，通过减少无效供给，实现供给产品质量的提高，避免资源要素的浪费，并在供给侧及时地预防经济泡沫；另一方面，大力地发展新产业，促使新的产业在供给侧创新发展，满足新的需求，利用供给侧新技术形成新格局，成就“中国制造”向“中国智造”的转变。

供给侧结构性改革的“结构性”特征十分明显，我国当前的经济正面临着十分突出的结构性问题，尽管经济发展十分迅速，但却出现了不平衡的问题，而在经济增速放缓的同时，传统的经济模式也面临着新模式的挑战。经济形式和经济贸易组织必须从失衡状态调整到平衡的状态，从被动性的高成本平衡调整到主动性的低成本平衡，从而实现总体经济结构由不均衡向均衡转变。所以，整个经济结构调整都需要大的更改，特别是全方面、各行业的有效配合。供给侧结构性改革不但需要传统产业释放出新的潜力，更加需要通过进一步的创新与创造发明激发那些新产业的活力，提高全要素生产率以及要素资源的利用率，将潜力转化成动力，构造结构升级转型的一个过程，在这个过程里，必须客观上需要在供给侧方面发挥全要素生产率在资源配置方面的特殊的作用，特别是在短板上增加有效的供给。

**2. 供给侧结构性改革的理论基础与基本框架**

有关供给侧的理论研究比较广泛，本书侧重研究与本书内容有关的经典供给侧理论。要真正地理解和探究供给侧结构性改革及其功能与效用，必须认识供给侧结构性改革所面临的现实环境，而且必须深刻理解"供给侧结构性改革"相关的理论基础与基本框架。

(1)萨伊定律。萨伊是古典主义时期的一位著名的古典经济学家，古典主义时期的经济学家们所关注的基本上都是产品或服务的供给问题。萨伊定律的核心思想是"供给创造其自身的需求"。萨伊定律认为，"需求是可以由产品生产创造的，并不是有了需求才能生产产品。"所以萨伊提出的"供给创造需求"的言论对当时提高经济生产、创新发展做出了十分突出和巨大的贡献。萨伊还强调要加强市场的"自我调节"，尽量减少"有形的手"的人为干预，加强市场"无形的手"的主体主导作用，用宏观改革的办法，发挥制度的作用以推进结构调整，引导产业生产过剩和资源不足等失衡现象在市场的调节中逐渐得以平衡。萨伊系统地论证了供给侧发力对经济发展的作用，认为供给的生产能够创造消费和投资的需求。萨伊定律指代的供给侧因素主要包括劳动、资本和自然力。萨伊定律设立的假定是，经济在出现波动时，市场循环流程能够自动地使需求与供给处于充分均衡状态。

(2)亚当·斯密的经济自由主义。经济学的鼻祖亚当·斯密对西方经济史的发展做出了十分卓越的贡献，从其著作《国富论》《道德情操论》问世以来，其理论思想就在西方主流经济学中占据了重要的地位，其中《国富论》对促进英国的资本主义经济发展做出了卓越贡献。因此，对亚当·斯密的经济自由的核心思想理论展开深入的探究，是具有十分重要的理论价值和现实参考意义的。作为经济学的鼻祖，亚当·斯密曾对需求管理政策进行了全面系统的批判，他指出，重商主义的需求管理政策本身就是基于一种错误的思想，这种重商主义的管理政策不仅不利于今后经济的长远发展，而且会给发展带来不可避免的新问题。亚当·斯密强调了劳动和资本等资源要素都属于供给侧(端)，这些资源要素在经济发展中的作用是不可忽视的。亚当·斯密强调政府只能发挥"守夜人"的作用，而对于经济发展，必须充分地发挥市场这只"无形的手"的关键作用。亚当·斯密更是强调，提高劳动生产率是一个十分重大和关键性的措施。经济自由主义，顾名思义，提倡的就是要让市场在经济发展中处于一种主导的地位，保证市场机制可以有效地发挥其调节资源要素的作用。亚当·斯密的经济自由主义是一个完全支持个人财产，特别是契约自由权利的一种意识形态主导的西方经济学理论。这一思想与我国当今所提出的供给侧结构性改革中对"有形的手"进行限制，从而让市场机制发挥"无形的手"的调节作用的思想是一致的。而且，亚当·斯密所强调的劳动和资本等都属于"供给侧"的因素，并在经济发展中发挥着重要的作用。亚当·斯密还强调了分工不仅可以促进劳动生产率的提高，还能大幅度有效促进技术进步。

(3)国家竞争力理论。迈克尔·波特被称为"竞争战略之父"，他基于"五种竞争力量"提出的"国家竞争力理论"也属于一种典型的供给管理理论。迈克尔·波特的国家竞争力理论认为，企业是真正在经济发展中发挥关键作用的经济主体，所以，一国或区域的财富多少主要取决于其本国或本区域的生产率高低和所能获取和利用的单位物质资源的多少；同时，一国或区域的财富多少还取决于动态的竞争优势大小，而非静态的比较优势大小。宏观层面的供给管理应选择放弃那些缺乏或没有发展前景的产业，并收回之前扶持那些产业的相关产业政策，与此同时，宏观层面的供给管理应尽力创造一个最大程度有利于生产率提高的政策，以及营造良好的产业竞争环境。

**3. 我国当前推进供给侧结构性改革的背景**

当前我国供给侧结构性改革与英国和美国之前的里根一撒切尔主义供给侧结构性改革以及过去40年来我国所实践的供给侧结构性改革相比，除了具有共性的一面之外，还有其特殊性，主要体现在符合当前我国进入"经济新常态"的国情和"后危机时代"国际经济实际情况。推进供给侧结构性改革肩负着促进我国外贸经济发展转型的任务。当前，世界范围内的全球经济增速已然出现了不同程度地衰退与放缓，各国经济在经历过危机后仍在恢复当中，有的国家已经走出金融危机和欧洲债务危机的影响并开始寻求新的发展，但有些国家还没有，这对全球各国经济之间的互相促进以及互相连接都产生了一定的影响，而我国经济所出现的主要问题体现为日益增长的物质需求得不到很好的满足。近年来，我国的进出口贸易速度在不断放缓，出现了"衰退式增长"，这迫使我国的进出口贸易面临着巨大的现实挑战：产业转型优化升级、产业结构调整、全要素资源生产效率提高和资源配置优化等。在我国步入经济新常态这一国内大背景下，特别是自2015年以来，我国国家层面提得最多的经济主题，便是供给侧结构性改革。

**4. 国外供给侧结构性改革的实践经验**

(1)经济学在美国、英国的实践应用。第二次世界大战时期及第二次世界大战后的很长一段时间内，凯恩斯主义一直在西方经济学主流领域占据着主导地位。这一地位维持到20世纪70年代，"滞胀"现象的出现，让凯恩斯主义在实际中受到空前挑战。以罗伯特·蒙代尔(Robert Mundell)等为代表的供给学派，在研究如何对付"滞胀"的过程中，否定了凯恩斯主义在宏观调控中以"需求端(侧)"作为主要视角的认识，重新肯定了"萨伊定律"基于供给端(侧)的正确性和重要指导意义。罗伯特·蒙代尔认为"供给侧"是影响经济增长的主导因素，因此主张政府通过大幅度地降低税率来刺激经济的增长。这一思想最终在国家宏观政策考量及实践中得以受到重视和提倡，成为20世纪80年代美国里根政府执政以及英国撒切尔夫人改革的重要指导思想与原则。尽管里根时代"供给侧"的宏观调控带来了明显的经济成效，但也带来了明显问题，所以其后任美国政府决策者在经济学界凯恩斯主义复辟中，采取了兼顾需求侧和供给侧双管齐下的调节过渡性财政政策，这一时期的突出代表人物就是凯恩斯主义在美国的承大统者、新古典综合学派的鼻祖保罗·萨缪尔森(Paul Samuelson)。历史转折来自2008年的美国"次贷危机"，该危机引发的全球性金融海啸以及随后的经济危机，使得供给侧学派奇迹般地得以回归到历史舞台并处于举足轻重之位，直接导致了经济学界对凯恩斯主义的再次质疑。美国在金融危机救市的政策实施当中，实际上是从"供给侧"进行宏观政策操作与中观结构性调整，明确地对美国宏观经济进行了强有力的"供给管理"，而不限于所谓的货币总量调节或者需求侧调节，这一事件也标志着"供给侧"调控思想对凯恩斯主义的再否定。

(2)澳大利亚的创新发展。澳大利亚政府2013年的报告会议指出，澳大利亚政府着重于挖掘创新对发展的重要性，强调创新对于澳大利亚绿色经济和澳大利亚经济可持续发展的重要意义。随后，澳大利亚政府还拨款用于创新工作的开展，鼓励企业和创业者积极创新，促进经济繁荣发展。澳大利亚作为一个资源大国，具有人口稀少而分布广泛的特点，其资源要素丰富而成本低，所以，这导致了澳大利亚在出口方面主要依赖于资源，特别是自然资源，经济发展显得很不平衡。农牧业和采矿业是澳大利亚的传统产业，自20世纪70年代以来，澳大利亚的制造业和服务业实现了迅速的发展，制造业和服务业占GDP的比重日益增加，尤其是近几年，澳大利亚的服务业发展成为国民经济的主导产业。目前，制造业、服务业、牧业和采矿业构成了澳大利亚的四大支柱产业。带来澳大利亚这一发展结果的是，澳大利亚政府在采矿业发展日益萎缩时，意识到了澳大利亚未来的经济发展离不开对亚洲经济发展的依赖与依靠，所以必须大力提高澳大利亚企业的创新能力，加强澳大利亚企业与科学技术、工程技术和产业研发合作等产业的密切程度。澳大利亚通过出台一系列的政策，来实际调整澳大利亚的经济结构，向非矿业产业发展转变，让创新成为澳大利亚的未来发展目标。澳大利亚对于创新项目的投资增加，为创新风险投资企业提供供给侧结构性改革的税收优惠，引导澳大利亚向创新产业、非矿业产业积极发展。这些供给侧结构性改革措施的实施为澳大利亚的长远发展和指明未来的发展方向在供给侧奠定了有力的基础。

(3)日本多样化应对产能过剩。第二次世界大战后，日本经济发展产能严重过剩，出现了空前重大的产能过剩危机。对此，日本通过提高市场的准入门槛，淘汰无效或低效的产能外贸企业，来达到淘汰过剩产能的目的。这一供给侧结构性改革措施充分有效地缓解了当时日本经济所面临的产能过剩的问题，但是产能转移和资本扩张需要经历一个中长期的过程。日本在 20 世纪 80 年代出现了严重的经济泡沫。由于日本经济实力的增强，日益增长的国内需求得不到满足，国内消费市场逐渐变得狭小，日本于是开始着眼于海外投资。到 2002 年，日本的机械运输业有一半已经转移到国外，而电子机械制造业有 1/4 转移到国外。日本的供给侧结构性改革还十分专注于海外环保产业，将产业调控与环保产业相结合，为日本近几年治理产能过剩问题乃至世界治理产能过剩问题又提供了一个新的视角和解决思路。从日本长期与产能过剩危机做斗争的过程中可以看出，产能过剩问题是一个国家或区域所长期面临、存在的问题，需要政府时刻深度关注和进行调整。

我国经济当今存在的问题主要集中在经济转型、产业结构调整和产能过剩等方面，前文提到的这四个国家也曾经历过经济转型发展的阶段，我国在积极推进供给侧结构性改革时，应尽量避免可预知的问题并借鉴这些国家的经验。

### 2.4.3 我国的外贸供给侧结构性改革现状

外贸企业与内贸企业的一个最大的不同点在于，外贸企业所面临的对象来自庞大的海外市场，同时外贸企业也身处于较内贸企业更为复杂的国际市场环境中，因此，外贸企业和整个外贸领域，必须立足于国际视野，全面推动供给侧结构性的改革，这样才能创造新的国际竞争优势，顺应世界经济发展最新潮流。自 2015 年开始，国家领导人在明确了我国经济症状之后，指出必须在适度扩大总需求的同时，增强经济持续增长动力，实现经济的转型升级。在中央财经领导小组会议上，这一改革政策首次被提出。会议提出，在不改变总需求的前提下，努力地加强供给方的结构性改革，使供给侧改革落到实处，最重要的是提高供给侧的质量和提高资源要素生产的配置效率。习近平指出，要重视供给侧和需求侧的共同发力。习近平还指出，为了有效地解决当今世界经济的深层次的主要经济问题，必须最大限度地促进经济结构的调整，努力促使供给体系更加适应需求侧结构性的变化。可见，供给侧结构性改革这一理论的提出，是一个改变历史的重大举措，它为我国解决了经济新常态和经济发展所共同遇到的瓶颈，并在此情况下促进了经济发展转型。供给侧结构性改革是推动我国经济结构性改革、促进外贸经济转型升级、实现质的飞跃的一项重要改革内容。长期以来，以需求为中心驱动外贸经济进步，特别是以“三驾马车”为主要手段的经济发展模式所导致的供给矛盾日益凸显。在对外贸易中，世界经济发展缓慢，外需不足，国内需求也得不到满足，所以难以激发需求潜力。在经济新常态背景下，我国经济必须推进供给侧结构性改革，才能抓住转变发展模式、实现转型升级以及调整经济结构的机会，从而最终摆脱“中等收入陷阱”的制约，使得整个社会的需求侧和供给侧之间的结构性矛盾得以缓解。

传统的对外贸易模式是以廉价劳动力和牺牲环境资源要素为代价的，因而无法维持人们由于经济水平的提高而日益增长的需求，而且，由于前期经济一直处于高速发展之中，间接导致资源要素失去了为我国外贸经济发展提供持续动力的源泉。基于供给侧结构性改革这一视域，我国对外贸易发展的重点就是外贸领域的供给侧结构性改革，必须实现出口贸易的转型升级，提高我国外贸企业或外贸导向型企业的对外贸易竞争力。如何实现我国对外贸易从数量上取胜到从质量、技术水平上取胜，已成为政府部门和学术界的关注点和研究重点。2015 年，我国经济遭遇下行压力，中央银行通过继续降息、降准等一系列需求侧导向的管理政策进行改革，但成效不显著，主要体现在国内经济和对外贸易经济增速依然缓慢。特别是随着电子商务、跨境电子商务等的出现，因为贸易组织形式发生变化，人们对于国外消费品的需求已然发生变化，其固有的消费观念也发生巨变，认为国外产品更加优质从而导致的“海外代购”等现象逐渐推动问题走向白热化。

推进外贸供给侧结构性改革的基本要求是：第一，促进原有传统产业的转型、优化和升级，通过建立本国外贸品牌，加强研发本国外贸产品，增强本国外贸商品的附加值，创造新的外贸企业产品和服务的竞争优势。第二，寻找新的突破领域，发展如新能源汽车等战略性新兴产业。第三，为了促进产业梯级的转移，一些只具备低端生产能力的企业可以逐渐转移到我国中西部；而且在对外经济发展阶段，一些企业还应进行相应的市场转移，从而进一步促进产品结构的优化。促进供给侧结构性改革是适应和带动全国经济新常态发展的国家宏观政策。进出口国际贸易连接着国际与国内两大市场，对进出口商品和服务、对外贸企业，以及对出口产业的营商环境都具有深远而重大的影响。

以下内容主要是分析供给侧结构性改革对国际出口贸易的影响，基于出口贸易现状及相关的问题，分别研究探索对出口贸易的组织形式、贸易规模和出口结构的不同影响。

自金融危机以后，全球进入“后危机时代”，各个国家和地区的经济由于受到金融危机的不同程度的影响，经济复苏艰难，整个世界的经济恢复情况都显得较为缓慢，国际市场需求持续低迷，导致国际贸易保护主义抬头并且呈现出愈演愈烈的趋势。与过去 30 年相比，整个全球贸易经济处于低谷期，我国对外贸易发展增速也是不断波动，出现“衰退式增长”，我国对外贸易面临着前所未有的压力。供给侧结构性改革，就是针对我国当前面对的这些问题所提出的一个主要解决方法，旨在从宏观上，把握住外贸经济转型的主流，激发外贸出口新动力，改变我国出口贸易难以及不能满足市场需求的困境。

(1)我国出口贸易现状分析。我国当前的出口贸易一直在努力维持增速，但是做起来非常艰难。一方面，由于全球进入低迷发展的状态，整体外部环境不利于我国出口；另一方面，发达和发展中经济体在受到金融危机冲击后产生的结构问题没有得到解决，经济难以实质性恢复。另外，我国当前进入对外贸易的转型和升级阶段，传统比较优势出口产业不断萎缩，新的出口优势短时期内又难以凸显。所以，我国在金融危机之后，进出口贸易一直是风雨飘摇。2015 年，从规模上来看，我国的货物贸易总额已超过美国，成为世界上最大的货物贸易国家。然而，从出口质量、结构、增值率和核心竞争力来看，我国出口贸易呈现“大而不强”的特点。从好的方面来说，我国出口贸易占国际市场份额仍然在继续扩大，商品出口结构也在不断调整中，新的贸易模式的出现也为外贸增长带来了新的活力，民营企业成为出口的主要竞争主体，外贸出口多元化也在持续改善。但是，在经济新常态下，我国出口贸易依然存在发展困境。然而我国对外贸易的质量在不断提升，增速仍然好于其他主要经济体，外贸结构在不断优化和升级，进口的质量和效益有所提高，且贸易对就业和财政收入的贡献依旧。

(2)经济新常态下我国出口贸易发展困境。金融危机前，外贸快速增长，动力不可阻挡，出口规模迅速扩大，掩盖了出口贸易中存在的大量问题，外贸企业必定不能长久发展。当世界经济发展放缓，外需下降，出口增长放缓，我国出口贸易技术含量低、附加值不高等“质量”问题突出。从改革开放到 2008 年，我国的出口贸易年均增长率递增，创造了我国对外贸易发展的奇迹。2009 年，美国开始出现金融危机，之后金融危机席卷全世界，在全球经济增长明显下降的大趋势下，我国对外贸易也受到了重大影响。2014 年，我国经济步入了中高速增长阶段，经济新常态被首次提及。

第一，国际和国内的需求不足，特别是外部需求明显不足。2008 年金融危机后，世界经济进入了新一轮的深层次调整期，全球各国的经济出现了不同程度的缓慢增长，进口需求也出现了显著的下降。近几年世界经济虽有所复苏，但是整体的增长率还是呈现下降趋势，如 2009 年我国超过了当时的德国而成为世界上最大的货物出口国，但外部进口的需求却呈现出明显的下滑趋势。这说明了我国在很大程度上主要是依靠数量来拉动对外贸易经济的增长，而当对外贸易经济的货物或是服务的质量满足不了国际的需求以后，便会直接导致出口动力远不如以前的困境出现。

第二，传统要素资源的成本优势逐渐丧失。近年来，由于我国出现了人口老龄化提前到来的现象，劳动力等生产要素资源出现短缺，从而直接造成了产品价格的快速上涨，我国对外贸易经济的要素资源成本优势在逐渐丧失，实际上，越来越多的劳动力密集型生产产业已经开始向周边的国家如越南、菲律宾、泰国和印度等邻国转移。从中长期来看，由于经济高速发展时期对人口红利优势和资源要素优势的不合理利用，制造业的成本变得比一些劳动力密集型国家的成本高出了许多，人口红利优势和资源要素优势在逐渐减弱和消失。此外，一味追求定量发展的模式忽视了发展的质量，导致了能源和环境的负面影响逐渐出现，直接削弱了相关传统产业的国际竞争优势。

第三，出口贸易产品，特别是加工贸易产业的加工工艺较低，处于“微笑曲线”低端，附加值低。改革开放 40 年来，我国出口产品的结构也是在不断优化当中，机电产品和高新技术出口占出口总额的比重持续上升，表明我国技术水平不断提高。我国外贸企业提升生产技术水平、提高产品和服务的附加值迫在眉睫，虽然外贸企业有所成长，但仍需更多努力才能赶上其他国家。

第四，国际贸易保护主义抬头和贸易摩擦形势严峻。金融危机爆发后，各国经济发展大多出现了不同层次的经济危机，有些欧洲国家甚至进入“欧债危机”。全球的经济发展缓慢，同时，经济增速回不到之前的水平，一直徘徊在较低的水平，各国为了能早日走出危机，都纷纷加大了振兴出口贸易与经济的政策力度，国际贸易的出口竞争十分激烈，为了保护本国的出口贸易，国际贸易保护势力再次抬头，各类国际贸易间的摩擦频发，国际贸易形势严峻。

# 第3章　我国外贸转型升级的现状与影响因素

## 3.1　我国外贸转型升级的现状

2017年秋，我国商务部发布了《中国对外贸易形势报告(2017年秋季)》(以下简称《报告》)，该报告回顾了2017年前三季度我国外贸运行情况，分析了我国外贸转型升级的现状，同时展望了2017年全年和2018年我国外贸发展趋势。2017年前三季度，外贸发展面临的国内外环境有所改善，商务部继续狠抓外贸稳增长调结构政策措施的落实，促进进出口实现较快增长，推动外贸转型升级和结构的进一步优化，动力加快转换，外贸回稳向好的势头进一步巩固，发展质量和效益不断提升。

《报告》认为，2017年全年外贸进出口能够实现回稳向好的外贸转型升级预期目标，2018年外贸发展和外贸转型升级既面临新的机遇，也有不少挑战。我国外贸当前正处于并且未来一段时间也将处于结构调整步伐加快、新旧动能接续转换的外贸转型升级关键阶段，长期向好的外贸转型升级基本面没有变。随着党的十九大精神和习近平新时代中国特色社会主义思想全面贯彻落实，新发展理念深入人心，供给侧结构性改革持续推进，现代化经济体系加快建设，创新驱动发展战略深入实施，我国科技实力增强、产业不断升级，外贸转型升级优化提升，以技术、品牌、质量、服务、标准为核心的国际竞争新优势将逐步形成，为外贸发展和外贸转型升级奠定坚实基础。与此同时，“一带一路”建设深入推进，我国与世界各国的互利合作进一步深化，将为外贸发展和外贸转型升级提供新的广阔空间。

《报告》指出，面对外贸发展面临的新形势和新要求，商务部将认真贯彻党的十九大精神，以习近平新时代中国特色社会主义思想为指引，拓展对外贸易，培育贸易新业态、新模式，推进贸易强国建设，实现外贸转型升级，全力办好首届中国国际进口博览会，扎实落实国家关于外贸稳增长调结构的政策措施，深入推进外贸“五个优化”“三项建设”，加快外贸转型升级，促进对外贸易平衡发展。

### 3.1.1 外贸商品结构

根据《报告》的信息来源和相关分析结论可知：机电产品、高新技术产品出口增长快于劳动密集型产品。2017 年前三季度，我国机电产品出口 6.41 万亿元，同比增长 13%，高于整体出口增速 0.6 个百分点，占出口总值的 57.5%；其中，汽车、船舶、手机出口分别增长 28.5%、12.2%和 10.8%；高新技术产品出口 3.15 万亿元，同比增长 13.7%。2017 年前三季度，我国七大类传统劳动密集型产品合计出口 2.31 万亿元，同比增长 9.4%，占出口总值的 20.7%；其中，玩具、塑料制品、箱包及类似容器出口分别增长 49.2%、15.2%和 14.7%。我国积极主动扩大进口，优化进口结构，先进技术、关键零部件和重要设备等高新技术产品进口较快增长。大宗商品进口量价齐升，在国内工业生产增长的拉动下，我国大宗商品进口稳步增加。2017 年前三季度，进口铁矿砂 8.17 亿吨，同比增长 7.1%；原油 3.18 亿吨，同比增长 12.2%；大豆 7 145 万吨，同比增长 15.5%；天然气 4 838 万吨，同比增长 22.3%；成品油 2 241 万吨，同比增长 4.2%；铜 344 万吨，同比下降 9.4%。受国际大宗商品价格上涨拉动，我国进口价格总体上涨 10.6%。其中，铁矿砂、原油、铜、成品油、天然气和大豆的进口均价分别上涨 38.4%、33%、29.2%、27.5%、13.9%和 9.7%。

### 3.1.2 外贸方式结构

根据《报告》的信息来源和相关分析结论可知：一般贸易占比进一步提高。2017 年前三季度，一般贸易进出口 11.49 万亿元，同比增长 18.1%，占全国外贸总值的 56.6%，较 2016 年同期提高 0.7 个百分点。其中，出口 6.10 万亿元，同比增长 12.0%，占出口总值的 54.6%；进口 5.40 万亿元，同比增长 25.8%，占进口总值的 59.1%。2017 年前三季度，加工贸易进出口 5.81 万亿元，同比增长 12.7%，占全国外贸总值的 28.6%。其中，出口 3.70 万亿元，同比增长 11.2%，占出口总值的 33.1%，与 2016 年同期基本持平。加工贸易梯度转移取得初步成效，中西部地区加工贸易出口增长速度快于东部地区。加工贸易进口 2.12 万亿元，同比增长 15.5%，占进口总值的 23.3%，较 2016 年同期下降 1.4%。2017 年前三季度，跨境电子商务、市场采购贸易等外贸新业态新模式继续保持较快增长，成为外贸发展的亮点。

### 3.1.3 外贸主体结构

根据《报告》的信息来源和相关分析结论可知：民营企业在外贸发展中的地位进一步提升。2017年前三季度，民营企业进出口7.81万亿元，同比增长17.8%，占进出口总值的38.5%，较2016年同期提高0.4个百分点。其中，出口5.23万亿元，同比增长14.7%，占出口总值的46.8%，较2016年同期提高0.9个百分点，出口第一大经营主体的地位进一步巩固；进口2.58万亿元，同比增长24.4%。2017年前三季度，外资企业出口4.78万亿元，同比增长10.5%，占出口总值的42.8%，较2016年同期下降0.7个百分点；进口4.28万亿元，同比增长17.4%，占进口总值的46.8%。国有企业出口1.15万亿元，同比增长10.0%，占出口总值的10.3%；进口2.20万亿元，同比增长30.1%，占进口总值的24.1%。

### 3.1.4 外贸进出口结构

根据《报告》的信息来源和相关分析结论可知：进出口结构持续优化。国际市场结构更加多元，2016年，我国向发展中经济体和新兴市场、“一带一路”沿线国家的出口占全部出口的比重分别达到45.6%和27.7%，较2011年分别提高3.1个百分点和3.8个百分点。国内区域布局更加均衡，中西部地区出口占全国外贸出口的比重达到15.2%，较2011年提高3.3个百分点。商品结构向价值链高端延伸，机电产品在出口中的占比由2011年的57.2%增至2016年的57.6%，钢材、原油、成品油、煤等产品出口比重下降。经营主体活力增强，民营企业成为外贸发展的重要力量，在出口中的比重首次超过外资企业，由2011年的33.5%上升至2016年的46%，提高12.5个百分点。贸易方式进一步优化，一般贸易快速发展，占出口的比重提高到53.8%，较2011年提高5.5个百分点。

### 3.1.5 外贸商务创新模式

近年来，我国跨境电子商务快速发展，已经形成了较大的交易规模和产业集群。根据《报告》的信息来源和相关分析结论可知：自2016年以来，我国政府出台了一系列促进跨境电子商务健康有序发展的政策措施，为跨境电子商务创造了更加公平、便利的发展环境。13个跨境电子商务综合试验区建设取得阶段性成效，配套政策体系不断完善，交易规模快速增长，业务模式不断创新。2017年上半年，我国跨境电子商务交易额达到3.6万亿元，同比增长30.7%。其中，出口跨境电子商务交易额达到2.75万亿元，同比增长31.5%；进口跨境电子商务交易额达到8 624亿元，同比增长66.3%。跨境电子商务已经成为我国外贸增长的重要动力，是创新驱动发展的重要引擎。2017年9月20日召开的国务院常务会议确定了深入推进跨境电子商务综合试验区建设的措施，提出：一要在全国复制推广跨境电子商务线上综合服务和线下产业园区"两平台"及信息共享、金融服务、智能物流、风险防控等监管和服务"六体系"等成熟做法，积极探索新经验，在制定跨境电子商务国际标准中发挥更大作用。二要再选择一批基础条件好、发展潜力大的城市建设新的综合试验区，推动跨境电子商务在更大范围发展。三要围绕推动"一带一路"建设，着力打造互联互通、智能化的新型外贸基础设施，鼓励建设覆盖重要国别、重点市场的海外仓，加强物流网络等配套服务体系建设。四要按照包容审慎有效的要求加大监管创新，促进各综合试验区线上综合服务平台对接，实现信息互换、监管互认、执法互助。推动建立针对跨境电子商务的交易风险防范和消费者权益保障机制，大力打击假冒伪劣等违法行为。会议还决定，将跨境电子商务零售进口监管过渡期政策再延长一年至2018年年底，并加快完善相关制度。跨境电子商务的快速发展，有利于发挥我国制造业大国优势，拓展海外营销渠道，合理增加进口，扩大国内消费，满足人们日益增长的美好生活需要，推动外贸转型升级；有利于推进大众创业、万众创新，打造新的经济增长点，创造更多就业岗位；有利于促进"一带一路"国际合作，增添共同发展新动力。商务部和相关部门将落实好国务院确定的支持跨境电子商务发展政策措施，推动跨境电子商务健康发展。我国支持跨境电子商务产业向规模化、标准化、集群化、规范化方向发展，支持企业围绕技术、物流、服务创新商业模式，加强与境外企业合作，通过规范的海外仓、体验店等模式融入国外零售体系，逐步实现经营规范化、管理专业化、物流标准化和监管科学化。商务部将继续积极参与电子商务国际规则制定，鼓励行业组织及企业参与电子商务国际标准、规范和规则体系建设。

### 3.1.6 外贸竞争力与地位

根据《报告》的信息来源和相关分析结论可知：外贸发展动能加快转换。外贸企业持续从供给侧发力，加快转型升级步伐，努力培育竞争新优势，企业创新能力、品牌建设、营销能力不断增强，具有自主品牌、自主知识产权、自主营销渠道以及高技术、高附加值、高效益的产品出口增速高于传统商品。自2009年以来，我国连续8年保持机电产品全球第一大出口国地位。跨境电子商务、市场采购贸易等新业态快速增长，有效满足甚至创造了市场需求，成为外贸新的增长点，货物贸易大国地位不断巩固。自2009年以来，我国连续8年保持全球货物贸易第一大出口国和第二大进口国地位。在全球贸易持续低迷背景下，我国进出口表现优于其他主要经济体。我国出口占国际市场份额从2011年的10.4%上升至2016年的13.2%。外贸成为促进国民经济和社会发展的重要支撑力量。外贸直接或间接带动就业人数达到1.8亿左右，约占全国就业总数的23%。2016年，进口环节税收达1.54万亿元，占全国税收总额的11.8%。我国外贸发展惠及全球。我国顺应经济全球化趋势，在平等互利基础上积极同世界各国开展经贸合作，形成了你中有我、我中有你的利益交融格局，对建设相互尊重、公平正义、合作共赢的新型国际关系发挥了重要作用。“中国制造”增进了全球消费者福利，“中国市场”带动了世界各国经济发展。我国政府坚持进口与出口并重，在稳定出口市场的同时主动扩大进口，我国已经成为世界上最大的进口市场之一，进口占全球份额的10%左右。

### 3.1.7　外贸政策条件

根据《报告》的信息来源和相关分析结论可知：我国对“一带一路”沿线国家进出口份额快速增长。“一带一路”建设加强了我国与沿线国家的贸易联系，2017年前三季度我国对沿线国家进出口份额同比增长20.1%，高出进出口整体增速3.5个百分点，其中，对东盟进出口增长19.2%，对印度进出口增长25.9%，对俄罗斯、中亚国家进出口分别增长27.7%和23.6%。随着发达国家经济全面复苏，2017年前三季度我国对传统市场进出口增加，其中，对欧盟、美国和日本进出口分别同比增长16.4%、18.7%和14.9%，三者合计占我国进出口总值的36.8%。近年来，进出口企业积极开拓新兴市场，市场多元化取得新进展。2017年前三季度，我国对拉美、非洲国家进出口分别同比增长23.4%和19.7%，分别高于进出口总体增速6.8和3.1个百分点，其中，对巴西和南非进出口分别同比增长34%和21.3%，巴西成为我国第九大贸易伙伴。

## 3.2　我国外贸转型升级的影响因素

### 3.2.1　要素供求结构调整

要素供求结构调整是外贸转型升级的一个重要影响因素，产业转型升级是指随着需求结构与要素结构的变化，整个经济活动从低技术水平、低附加值状态向高技术水平、高附加值状态的全面提升。具体来说，包括三个方面：第一，调整需求机构，从投资和出口两个方面以及相应的投资消费出口系统，拉动经济增长。对于有13亿多人口的大国来说，要更多强调消费对经济增长的拉动作用。第二，改建供给机构。要从工业为主导的经济结构形态，逐渐调整为以服务业为主导的经济结构形态，推动第一、二、三产业系统发展。这也是个很大的挑战，服务业要搞得有水平，特别是现代服务业，必须加强建设。第三，调整要素投入机构。土地、矿产资源物质要素的投入更多地依靠科技进步、劳动力素质的提高和管理创新。

2015年中央经济工作会议明确提出要“推进供给侧结构性改革”，强调“加快结构性改革力度，矫正要素配置扭曲，扩大有效供给，提高供给结构适应性和灵活性，提高全要素生产率”。从这次会议的基本精神可以看出，推进“供给侧结构性改革”的落脚点是“矫正要素配置扭曲”和“提高全要素生产率”，究其本质，即在适度扩大总需求和调整需求结构的同时，要大力提升生产要素供给的质量和效率。从我国经济发展的实践来看，中央提出“推进供给侧结构性改革”的战略部署，并强调用“五大政策支柱”来完成去产能、去库存、去杠杆、降成本和补短板“五大任务”，其根本要义就在于，在总需求与总供求不匹配的宏观背景下，要通过优化提升劳动力、土地、资本、技术、制度等要素的供给效率，盘活要素存量，做优要素增量，矫正要素扭曲，从而扩大有效产品供给，实现国民经济产品总供给和总需求的整体均衡。

需求和供给是分析经济现象和规律的一对基本范畴。法国新古典经济学家萨伊最早提出了“供给自动创造需求”的观点，在他看来，“一种产物一经产出，从那时刻起就给价值与它相等的其他产品开辟了销路”，也就是说，在市场经济条件下，不会出现产品过剩或不足现象。拉弗在1974年发现的“拉弗曲线”，成为供给学派的重要理论依据。美国供给学派认为，通过持久地降低税率，特别是降低边际税率，将会刺激人们的工作积极性，使个人增加储蓄，使企业扩大投资，从而激活劳动力、资本等生产要素，使社会生产要素的使用效率显著提高，增加国家商品和劳务的供给。宏观经济学的基本理论认为，一国国民收入和价格水平由总需求和总供给的均衡点决定，总需求由消费需求、投资需求和净出口需求构成，而总供给则为一国经济社会所提供的总产量(或国民收入)，由经济社会投入的生产要素所决定。生产要素与总产量之间的“桥梁”即为生产函数，它表示总投入和总产出之间的关系。从以上分析可看出，不管是萨伊的“供给自动创造需求”观点，还是后来美国供给学派的基本政策主张，其本质都是从如何更好地激活和利用生产要素入手，通过优化配置现有的要素供给效率，来改善商品供给和提高国民经济的总产出。

目前，传统的通过消费、投资和出口进行“需求管理”的政策边际效应已经非常微弱。而与此同时，人力资本积累缓慢、土地要素利用粗放、资本市场体系不完善、科学技术创新不足等问题没有得到实质性的解决。加之体制机制滞后等原因，导致钢铁、水泥、玻璃、石化等行业产能严重过剩，房地产行业库存增量持续增加，实体经济企业的制度性交易成本居高不下等，从而集中表现为我国经济出现的“四降一升”现象，即经济增速下降、工业品价格下降、实体经济盈利下降、财政收入增幅下降、经济风险发生概率上升。可以说，“四降一升”现象是表象，而背后的深层次原因是劳动力、土地、资本、技术、制度等要素供给效率低下，导致产品供给无法匹配社会需求，引致经济增长内生动力不足。

从提高要素供给效率角度来看，以“推进供给侧结构性改革”创造新供给的基本着力点有以下几个方面：第一，提高人口质量，大力积累人力资本。经济发展最终要归结到“劳动力”这个要素，进一步释放生育潜力以增加未来劳动力的供给，并在人口增量的基础上加大医疗、教育等人力资本领域的投资，这些不仅能改善我国经济的供给侧质量，也是促进经济健康可持续发展的必由之路。第二，通过加快建立城乡一体化，深化土地制度改革，以达到提高土地利用效率的目的。加快建立城乡统一的建设用地市场，改革完善征地制度，促使市场价格引导土地资源的优化配置。第三，健全多层次资本市场体系，帮助企业降低成本。通过“互联网＋金融”的模式，通过多层次资本市场体系的完善，为企业融资打通便捷的渠道，根本性解决企业融资成本贵、融资难的问题，促使资本这个要素的配置效率提高。第四，深化科技体制改革，促进创新驱动的蓬勃、协调发展。科学技术是现代市场经济中最核心和最重要的要素，也是最活跃的要素，改革创新既是产业结构调整的必然选择，也是创造新供给的重要着力点。第五，全面深化改革，建立健全各项体制机制。高效的制度供给，是提升供给侧效率、促进经济增长的重要“源泉”之一。通过所有制、财税体制、金融体制、城镇化体制、投融资体制、对外开放体制等关键领域改革，不断优化制度供给，为促进供给侧改革提供有力的制度保障。

因此，中央经济工作会议提出，要“提高供给体系质量和效率”，需要“实施相互配合的五大政策支柱”。通过“推进供给侧结构性改革”创造新供给的关键，就在于要显著地提升生产要素的供给效率，有了此基础，再加上稳健的宏观政策、精准的产业政策和灵活的微观政策，我国经济的结构性改革就必能调整到位。

### 3.2.2 企业管理效能

企业管理效能建设，就是在企业制定管理战略和日常管理中，始终以管理效能为主要发展核心，保证企业管理战略目标达成时的质量与效率。企业管理效能建设要求企业管理者进行积极的内部优化管理分配，明确企业内部人员和资金的配备，精细员工的工作范围等，通过这些方式达到加强企业管理效能，提升企业经济效益的最终目的。

对于外贸企业来说，企业效能管理的建设并不是一朝一夕的事情，而是需要长期的坚持不懈来完成的。作为一项规范化、系统化、客观化的企业管理制度，企业管理效能能够直接观察到企业管理效率的程度、经济效益的高低、最终发展结果的好坏等。因此，探究外贸企业管理效能提升的途径与方法，对我国外贸企业未来管理发展具有非常重要的意义。

外贸企业管理效能提升可以通过以下几点实现：

(1)企业组织机构设置应扁平精练。在外贸企业管理活动中，企业组织机构的设立尤为重要，但实际情况中很多外贸企业管理部门多，层级多，行政级别纷繁而严格，决策者与基层间不能保证信息的完好传递，经常出现一项外贸企业管理决策，基层不了解其内在意义，而一个基层问题，决策者不能及时掌控。外贸企业管理内部机构设置的扁平精练，是对企业内部部门的集中整合和职责上的进一步明确。通过企业内部部门的集中整合，减少不必要存在的部门，精炼内部人员组成结构，建立职责明确的各个部门，要求相应内部工作人员切实完成自己本职工作，降低了因企业内部部门过多和人员冗杂而产生的费用，同时也因部门的精简外贸企业内部能保持职责统一，提升工作效率。

(2)外贸企业要建立科学的决策和管理制度体系。制度是一种行为规范，外贸企业经营的好坏固然与外贸企业领导人的能力、品行、胆略有关，但是组织制度、工作制度方面的问题更加重要。制度建设的重要性体现在：一是可以填补法律的漏洞和不足，规范外贸企业的行为；二是可以规范管理层的权力，规范被管理者的自主行为；三是建立一套科学完整的内部外贸企业制度，是外贸企业实现规范化管理的必然要求。科学的决策和管理机制是提升外贸企业效能的主要方法。我国外贸企业只有按照规章和管理制度办事、决策，才能保证战略规划制定的准确性。科学的决策体系要求我国外贸企业管理者不能独断专行，一定要根据外贸企业制定的规章制度办事，将内部变成科学、民主、客观、公平的工作环境，进而提升我国外贸企业效能。

(3)外贸企业要创建有效的激励机制。外贸企业创建激励机制最根本的目的是正确诱导员工的工作动机，使他们在实现组织目标的同时实现自身的目标，增加满意度，从而使他们的积极性和创造性继续保持和发扬。激励机制实际上是惩罚机制与奖励机制的结合体。建立激励机制，企业一方面可以通过惩罚机制监督员工的工作行为和工作态度；另一方面可以通过奖励机制刺激员工的工作积极性。二者存在的共同目的是激励员工努力工作，促进外贸企业管理效能提升。

(4)外贸企业管理者要不断提高领导力水平。外贸企业管理的核心在于企业管理者自身的领导水平，企业领导水平的好坏直接决定着外贸企业未来的发展走向和管理效能的优劣。外贸企业管理要求管理者在业务知识、管理水平、决策能力等多方面进行提高，以便于日后正确进行外贸战略部署和判断。

### 3.2.3　产业结构调整

产业结构调整是当今各国经济发展的重要研究课题与焦点，调整和建立合理的产业结构，其目的在于促进各国经济和社会的发展，同时也包括各国人民物质文化生活的改善。产业结构合理性的主要表现有能合理利用资源；各产业部门协调；能提供社会需要的产品和服务；能为劳动者提供充分就业的机会；能推广应用先进的产业技术；能获得最佳经济效益等。产业结构，也称国民经济的部门结构，由国民经济各产业部门以及各产业部门内部结构构成。社会生产的产业结构或部门结构是在一般分工和特殊分工的基础上产生和发展起来的。产业结构的变化趋势是产业结构调整的导向标。

第一，第一产业的增加值和就业人数占国民生产总值和全部劳动力中的比重，在大多数国家呈不断下降的趋势。直至20世纪70年代，在一些发达国家，如英国和美国，第一产业增加值和劳动力所占比重下降的趋势开始减弱。

第二，第二产业的增加值和就业人数占国民生产总值和全部劳动力的比重，20世纪60年代以前，在大多数国家都是上升的。但20世纪60年代以后，美国、英国等发达国家工业部门增加值和就业人数在国民生产总值和全部劳动力中的比重开始下降，其中传统工业的下降趋势更为明显。

第三，第三产业的增加值和就业人数占国民生产总值和全部劳动力的比重各国都呈上升趋势。20世纪60年代以后，发达国家的第三产业发展更为迅速，所占比重都超过了60%。

从三个产业比重的变化趋势中可以看出，世界各国在工业化阶段，工业一直是国民经济发展的主导产业。发达国家在完成工业化之后逐步向“后工业化”阶段过渡，高技术产业和服务业日益成为国民经济发展的主导产业。

产业结构调整必须遵循一定的原则:

(1)坚持市场调节和政府引导相结合。充分发挥市场配置资源的决定性作用,加强国家产业政策的合理引导,实现资源优化配置。

(2)以自主创新驱动提升产业技术水平。把增强自主创新能力作为调整产业结构的中心环节,建立以企业为主体、市场为导向、产学研相结合的技术创新体系,大力提高原始创新能力、集成创新能力和引进消化吸收再创新能力,提升产业整体技术水平。

(3)坚持走新型工业化道路。以信息化带动工业化,以工业化促进信息化,走科技含量高、经济效益好、资源消耗低、环境污染少、安全有保障、人力资源优势得到充分发挥的发展道路,努力推进经济增长方式的根本转变。

(4)促进产业协调健康发展。发展先进制造业,提高服务业比重和水平,加强基础设施建设,优化城乡区域产业结构和布局,优化对外贸易和利用外资结构,维护群众合法权益,努力扩大就业,推进经济社会协调发展。

### 3.2.4 国际贸易结构供需优化

国际贸易结构的优化是指优化一国或地区的国民经济各产业的产品或服务的进出口比例,以及以这种进出口关系为联结纽带的产业关联关系。国际贸易结构包括不同产业间的进口结构和出口结构,也包括同一产业间的进出口结构(即进口和出口的比例)。产业结构优化也要对国际贸易结构进行优化。国际贸易结构的优化还涉及国际投资结构的优化,国际投资包括本国资本的流出,即本国企业在外国的投资(对外投资),以及外国资本的流入,即外国企业在本国的投资(外国投资或外来投资)。对外投资会导致本国产业的对外转移,外国投资则促使国外产业向本国转移。国际投资结构就是指对外投资与外国投资的比例结构,以及对外投资在不同产业之间的比例和外国投资在本国不同产业之间的比例及其各种派生的结构指标。这两方面都会引起国内产业结构的变化。

国际贸易结构的优化还必须结合供需优化。其中,供给结构是指在一定价格条件下作为生产要素的资本、劳动力、技术、自然资源等在国民经济各产业间可以供应的比例,以及以这种供给关系为联结纽带的产业关联关系。供给结构包括资本(资金)结构、作为供应因素的投资结构、劳动力供给结构、技术供给结构以及资源禀赋、自然条件和资源供应结构等。产业结构优化就是要对这些因素进行结构性调整,进行投资结构的调整、教育结构的调整、科技结构的调整等。需求结构是指在一定的收入水平条件下政府、企业、家庭或个人所能承担的对各产业产品或服务的需求比例，以及以这种需求为联结纽带的产业关联关系。它包括政府(公共)需求结构、企业需求结构、家庭需求结构和个人需求结构，以及以上各种需求的比例；也包括中间(产品)需求结构、最终产品需求结构，以及中间产品需求与最终产品需求的比例；还包括作为需求因素的投资结构、消费结构，以及投资与消费的比例等。

# 第4章　外贸供给侧结构性改革对进出口贸易的作用机理研究

## 4.1　外贸供给侧结构性改革的必要性和内涵

### 4.1.1　外贸供给侧结构性改革的必要性

第一，当前，虽然在需求侧和供给侧都存在着制约我国对外贸易增长的因素，但主要因素还是在于供给侧。从近几年不断出现的我国消费者大量海外购物和近年来兴起的海淘代购等现象来看，我国商品市场上的供给侧结构和质量档次无法赶上和满足国际市场上的需求变化。在前一轮我国开放型经济发展中，我国很好地抓住了当时的世界经济全球化发展所带来的宝贵的关键机遇，并通过深度融入全球价值链的有效路径，依托加工贸易模式促进进出口，最终实现了对外贸易的迅速发展。但是，前一轮我国开放型经济发展的同时存在着“低端嵌入”和“大进大出”两个明显的特征。“低端嵌入”体现为我国出口的产品绝大多数是劳动密集型产品，其中，包括机械和电子类等制成品出口，实际上是通过各种形式的加工组装而实现的再出口，即我国仍处于高端产业的“低端环节嵌入”。“大进大出”体现为我国在融入全球价值链分工体系中，国内的价值链条比较短，所承接的专业化链条无法有效地向价值链条两端继续延伸，从而导致在价值链条中的附加值或增值率较低。可见，从供给侧的角度看，我国外贸发展仍未达到国际综合竞争优势的标准，这种国际综合竞争优势是以高质量、优服务、高标准、好品牌、新技术等为竞争核心的，因此，我国有必要在“全球经济深度调整”的背景下进行外贸供给侧结构性改革，实现外贸的自我调整，有效地解决“无效和低端供给”的结构性矛盾，增加“高端和有效供给”。

第二，当前我国外贸增长速度放缓是一个结构性问题。后危机时代，全球贸易普遍存在外贸增长乏力的问题，甚至部分国家或地区出现负增长。鉴于对外贸易是一国或地区与世界上的其他国家或地区的一种贸易往来活动，从这一角度来看，正确科学地看待我国外贸发展问题，必须将其置于全球背景下来看待和研究对策。影响对外贸易增速的因素可以大致归纳为两大类，一类为短期因素，也称为周期性因素或宏观层面因素；另一类为长期因素，也称为结构性因素。这两类因素都在很大程度上影响着我国对外贸易。从国际贸易理论可知，贸易的发展起源于分工的扩大，而产业的发展趋势和格局很大程度上取决于分工的演化，从长期来看，供给侧结构状况决定了社会分工，进一步由分工影响着贸易状况。世界发达国家当前正在实施的“再工业化”战略实际上是谋求从供给侧结构性变化获得世界全球分工新地位，并且占领全球产业链分工的制高点，从而迅速摆脱全球贸易低速增长的困境，成为全球贸易新一轮增长中的领导者。这一现象倒逼我国加快推进外贸领域的供给侧结构性改革，以便快速地实现外贸转型升级。

### 4.1.2　外贸供给侧结构性改革的内涵

外贸供给侧结构性改革，其本质就是在外贸领域中全面实施供给侧结构性改革。经过 40 年改革开放的高速增长，我国已然成为世界第一大货物贸易国，特别是世界第一大货物出口贸易国，但我国的对外贸易处于粗放式发展的阶段，仍然处于全球价值链中的中低端，其比较优势还是集中于劳动密集型产品。这种粗放式发展所带动的贸易增长，得益于前一轮的全球经济繁荣所直接导致的强劲国际市场需求，同时，不可否认的是它充分有效地利用了我国自身的比较优势。但是，另一方面，这种粗放式发展如果长期持续下去，也会导致外贸企业附加值低以及利润不高等缺点。总之，增加“高端有效的供给”抛弃“低端无效的供给”是外贸供给侧结构性改革的再生产领域的内涵。

外贸供给侧结构性改革，不仅发生在外贸生产领域，也发生在外贸流通领域，即通过这种改革，促使对外贸易商品和服务的供给方式实现在供给方式结构上的创新。大力发展和推进新型贸易业态的形成，实现外贸供给方式的结构多样化，是外贸供给侧结构性改革的另外一个在流通领域的重要内涵。

在人民日报发表的《七问供给侧结构性改革》文章中，权威人士指出，推进供给侧结构性改革，是以习近平总书记为核心的党中央在综合分析世界经济长期性和我国发展阶段性特征及其相互作用的基础上，集中全党和全国人民智慧，从理论到实践不断探索的结晶，因而是基于我国实践的理论综合性集成创新，具有中国特色。总之，对于外贸领域的供给侧结构性改革来说，其本质内涵可以概括为：从以提升供给侧的产品和服务的质量为出发点，借助有效的结构性改革举措，消除生产要素资源的配置扭曲，在结构调整中扩大高端有效的产品和服务供给，以实现在需求侧满足国际海外市场的需求变化，最终提升我国外贸可持续发展竞争力。

## 4.2 外贸供给侧结构性改革的目标

推进我国外贸领域供给侧结构性改革的重要目标就是推进我国外贸的成功转型与优化升级。从我国外贸发展的实际转型需要出发，我国外贸供给侧结构性改革的总体目标可细分为以下三个方面：

第一，实现生产商品的品质提升。在加工贸易模式下，我国的制造业通过深度融入和参与全球价值链分工得以快速发展，同时与发达国家之间的技术差距有所缩小，在一般制造业领域，我国成为制造业大国，但与世界上一些主导制造业强国相比，我国的制造业仍存在一定的差距。如果单从生产产品自身的角度来看，世界上其他工业强国能制造什么，我国也能生产什么，但如果把品质方面的因素考虑进来，差距还是很大。中国社科院工业经济研究所为了研究我国制成品在品质方面与发达的经济体相比究竟有多大的差距，专门对我国制造业的国际竞争力进行了一次全面的调查研究，在对所选取的制造业产品样品与其他国家进行相应的比较之后指出，研究样品所选取的我国制成品是最好的最具比较优势的，虽然显现出整体层面的竞争力特征，但发现生产过程中存在许多核心零部件必须依赖国外进口的问题，同时，某些最简单的生产环节，与发达工业强国相比，在品质层次和精致化方面，差距仍然较大。长此以往，我国制成品出口规模的急剧扩大不仅无法实现对出口商品品质的提高，反而使商品品质出现了持续下降的趋势。所以，外贸供给侧结构性改革的一个重要子目标便是要通过变低端供给为高端供给这一路径实现商品品质的大幅提高和精致化水平的提升。

第二，实现价值链条的攀升。当前的国际分工体系越来越精细，促使国际分工的主导形态已经变成基于全球价值链的专业化分工。我国对外贸易的快速发展，在很大程度上是借助了加工贸易的模式参与全球价值链网络分工的结果和体现。在全球价值链分工模式下，专业化特定环节的获取能力因为生产环节的异质性而有所差异；同时，阶段要素密集度的异质性也导致了附加值创造能力的差异，最终导致全球价值链分工中的地位不同。在经济学界，全球价值链分工被形象地比喻为“微笑曲线”，其中，“微笑曲线”低端代表的是产品的加工、组装和制造等环节，这些环节被归入低附加值增值环节，处于这一环节的国家和地区在参与分工和贸易时，由于所处的分工地位较低，获利水平和盈利能力较低；相反，处于“微笑曲线”两端的被归入高附加值增值环节，这些环节包括技术、R&D、营销和售后服务等，处于这一环节的国家和地区在参与分工和贸易时，由于处于较有利的地位，因而具有更强的获利能力和更高的盈利水平。实际上，长期以来，由于我国对外贸易的发展实质是参与全球价值链中的加工、组装以及简单的制造等环节和阶段，附加值创造能力较低，因而处于“微笑曲线”分工体系中的中低端，形成了“低端嵌入”。

在目前全球经济深度调整期间，周期性矛盾和结构性矛盾并存，因此外贸供给侧结构性改革的另一个重要子目标便是通过供给侧结构性改革实现中国制造向价值链中高端攀升，并且在动态长期角度上，实现价值增值获取和价值链链条持续攀升能力的提高。

第三，实现产业结构的升级优化。产业发展构成了外贸经济发展的基石，外贸转型升级中“调结构、转动力”的一个重要内容就是实现产业结构的升级优化，这也是外贸供给侧结构性改革的一个重要方向。我国的制造业在完成了“产业补短”后，已经进入了崭新的发展阶段，我国在全球产业分工体系中的地位亟待通过“补强”获得相应的提高，即要不断提高先进制造业的获利和高端制造的发展水平，实现从制造业大国到制造业强国的转变，这就要求中国制造业内部的产业结构升级与优化。

当前的经济全球化包括制造业全球化和服务业全球化两个主要方面。服务业和服务贸易发展水平已然成为衡量一国或地区参与全球竞争能力高低的一个重要指标。我国前一轮的对外贸易发展主要侧重于制造业，即通过在制造业领域的对外开放大力推动贸易经济发展，并带动产业的快速发展。相比之下，服务业的开放显得相对不足并且发展明显滞后，我国的现代生产性服务业与发达国家还存在较大的差距。先进制造业的发展在很大程度上依靠高级生产性服务业所发挥的支持和引导作用。实现产业结构的优化升级表现为要促进现代服务业，特别是高级生产性服务业的发展，实现产业间的结构升级和优化。这是基于在产业结构视角下的外贸供给侧结构性改革的另一个重要目标。

## 4.3　外贸供给侧结构性改革的对策举措

基于以上分析，我国外贸供给侧结构性改革的重点对策举措包括以下几个方面：

第一，通过技术创新进行驱动。商品品质的提升、全球价值链的高端攀升以及产业结构升级优化，这三个目标的实现都有赖于技术创新驱动。技术进步是实现这三个目标最根本、最直接也最有效的方式。目前，由于各种因素，我国许多外贸企业还缺乏自己的核心技术，这直接造成了知识产权缺乏和品牌严重缺失的困境。这客观要求我国外贸企业必须大力提高 R&D 经费的投入以促进技术改造，以此从根本上实现技术水平的提高。技术创新驱动也是促进产业结构优化升级的一个重要举措和一条根本路径。实现技术创新和促进技术进步，必须让市场在资源配置中起决定性作用，通过市场竞争来淘汰落后产能，培育更具竞争优势的新产品和新服务。在这个过程中，政府发挥服务企业转型的作用，即为改革清除一切制约创新的制度障碍，使得企业研发人员的创新劳动能够得到合理的回报和利益补偿，政府确保科技研发可以满足经济发展的需要，确保创新取得的成果可以满足产业发展的需要，真正实现创新项目成功向现实生产力的转化，从根本上保证各种资源要素如知识、技术、信息、资本、劳动、管理等的效率和效益。我国是一个科教大国，拥有丰富雄厚的科教资源，这可以为技术创新提供必要的物质保障。只要改革措施得当，真正促使作为微观经济主体的外贸企业成为真正的外贸创新主体，社会创新潜能和活力便可以得到充分发挥，在技术创新驱动下发挥技术进步对外贸转型发展的功用。

第二，提倡并培育工匠精神。外贸转型发展的一个重要方向，就是要在具备传统比较优势的产品领域，依托品质提升和精致化，将传统产业精细化，做深做透。从当前的供求关系上看，外贸转型发展面临的不是简单的产品过剩问题，还包括产品的结构性失衡问题，即低端产品的供给远远超过其需求，而高端产品的供给却明显缺乏。外贸供给侧结构性改革就是通过占据高端市场为外贸企业的平稳发展打下坚实的基础。从现有的德国、日本等工业强国的经验来看，品质高端关键取决于工匠精神。2016 年的政府工作报告第一次把“工匠精神”写入其中，可见，大力提倡并培育工匠精神，有利于改善外贸产品和服务供给，是推进外贸供给侧结构性改革的一条有效途径。外贸供给侧结构性改革的根本在于提高外贸产品和服务供给体系的质量以及效率，而严谨细致、耐心专注、精益求精正是工匠精神的内涵所在。注重培育工匠精神，用工匠精神来提升外贸产品和服务供给的质量与效率，通过增加差异化商品和服务的供给，来扩大中高端产品和服务的提供。

第三，制度创新驱动。适宜的体制机制是鼓励技术创新和培育工匠精神的强有力保障，这三者的结合才能形成促进外贸转型发展的最有效合力。体制机制会约束或促进技术创新驱动力和工匠精神，要通过制度创新构建和营造促进创新的体制机制环境。技术落后不仅仅是因为创新能力缺失导致，很大程度上，制度约束是导致创新能力缺失的根本原因。换言之，如果现有的体制机制环境无法起到有效的激励创新作用，那么技术落后和创新能力的缺失就会出现。相反，一个好的适合的制度可以大力促使资源要素向创新领域和新兴行业转变。工匠精神背后的制度逻辑等深层次的制度性因素是形成优秀工匠精神的基础所在和文化背景。因此，外贸供给侧结构性改革需要制度创新驱动，需要通过有力的知识产权保护、高效的外贸管理以及开放领域深化扩大来具体实现。知识产权保护对集聚全球创新资源要素并激发企业进行创新起到最重要的制度保障作用；外贸管理体制可以推动贸易和投资便利化的实现以及全球分工演进的进一步发展；扩大深化开放领域就是要扩大市场准入，包括扩大高端制造业和服务业的开放，让各种更加优质的产品和服务能够在更为充分的竞争环境中被创造出来。

## 4.4　供给侧结构性改革对进口贸易的影响和作用机理

在全球经济增速放缓、整体复苏形势不明朗的情况下，我国外贸经济面临的不仅有外贸进出口的问题，还有外贸经济转型和外贸经济结构升级调整的问题。重新调整发展外贸经济的目标和方向，必须时时基于我国外贸经济已经进入以中高速增长为主要特征的经济新常态。此外，必须面对和时时基于更加严峻复杂的国内外环境进行研究。本部分主要从我国外贸进口的发展速度来分析我国的进口贸易近几年来发生的现象，并分析当前的贸易现状及其形成原因，进一步分析探讨外贸供给侧结构性改革对我国进口贸易结构的影响和作用机理。

我国经济自改革开放以来，步入迅猛高速的增长阶段，40年来GDP高速增长。根据有关数据显示，受2008年美国金融危机的影响，从2010年起，我国的外贸经济增速出现逐年下降的趋势，我国进口的增长速度迅速下降直接导致了我国的外贸经济增长率下降。那么，这种“衰退式增长”的原因是什么？出现进口速度减缓的主要原因有哪些？应该如何解决并提出对策？这构成了本部分的研究问题。

(1)进口速度减缓的直接原因。国际大宗商品交易价格的下降，加上加工贸易比重的下滑，这两个原因直接导致了进口速度减缓。一方面，进口商品量的减少源于全球需求量的下降，特别是商品的价格急剧下降。海关总署近年来的数据显示，商品进口量普遍出现大幅下降现象，其中大宗商品，如铁矿石及煤、原油、成品油、燃料油和其他商品的进口量明显下降。另一方面，全球需求量的下降，间接地导致了对相关加工贸易的出口需求出现不足，生产下滑，进口量大幅下降。在全球总需求量下降的情况下，加工贸易的出口量不断下降。可见，国际商品价格的下降和加工贸易出口量的下降，是造成进口贸易速度减缓的一个直接原因。

(2)进口速度减缓的内因。第一，人口红利消失。我国自改革开放以来，依靠人口的优势，使得劳动密集型产业得以大力发展，也正是人口红利要素，极大地促进了我国经济的快速发展。这种劳动密集型产业出口导向型战略，既可以利用人口的优势，也可以在改革开放之初起到发展外贸经济的作用。但是近几年来，我国的劳动力人口已逐渐步入老龄化阶段，而且劳动力的降幅有明显扩大的趋势。劳动力供给减少，直接导致了劳动力要素成本和人力资源成本的快速上升。这也从根本上导致了生产成本的直线上升，导致具有比较优势的我国中小外贸导向型制造业企业的优势逐渐消失。发达国家在“后危机时代”更愿意将其产品的加工服务加快转移到成本更低的东南亚国家，促使更多的国家愿意进口这些生产成本较低的产品，而对相对生产成本较高的我国产品的进口就会逐渐减少。可见，人口红利消失是造成进口贸易速度减缓的一个内在原因。

第二，全球化红利消失。2001 年我国加入世界贸易组织之后，我国从全球化的进程中获取了诸多方面的好处和有益经验，对外贸易增长迅猛，进出口额成倍增长。但是随着我国的对外开放进一步深化，我国成为全球范围内的货物贸易第一大国，这导致了其他国家和地区不断增加对我国进口商品和进口技术的限制，此时的全球化给我国带来的红利逐渐消失，依靠数量出口的局面已然改变。可见，全球化红利消失是造成我国进口贸易失速的另外一个内在原因。

第三，资源红利消失。自改革开放以来，我国外贸经济采用了大量的粗放式生产方式，在粗放式生产中，出现了高耗能和高排放，从而导致了高污染的模式，这导致我国的自然生态环境越来越差。这种不考虑生态环境和生态链可持续发展的做法和粗放式生产方式，引起了极其严重的后果，不仅使我国长期处于空气污染、恶劣环境之下，也使我国成为世界上能源消耗和二氧化碳排放量最多的国家，这也成为发达国家限制我国进口的一个“碳壁垒”和控诉我国企业违反环境保护的一个理由。大量的粗放式生产方式还直接导致了资源要素的严重稀缺，使得资源红利消失。可见，资源红利消失是造成我国进口贸易速度减缓的再一个内在原因。

## 4.5 供给侧结构性改革促进进出口贸易的政策建议

在供给侧结构性改革中，解放生产力和发展生产力是其内置的根本动力，因此，供给侧结构性改革包含着多重解放生产力和发展生产力任务：从短期来看，解放生产力和发展生产力要求减少各种市场失灵和过度计划干预的失误，发展生产力的核心内容之一就在于防止经济增长过快而无法控制约束；从中期角度来看，发展生产力、解放生产力要求推动产业实现从低端向中端发展，最终实现向高端化的过渡，高端化是生产力解放和发展的最终目标和核心步骤；从长远来看，发展生产力、解放生产力的根本动力来源于实施和推动全面的创新驱动发展战略，促进科学技术创新、产业创新和结构创新这三大举措。

(1)减少“有形的手”的过度干预管制，正确发挥“有形的手”的调控功能。供给侧结构性改革强调的是“有形的手”的调控功能，减少“有形的手”的过度干预管制。供给侧结构性改革的实质，就是要形成新的市场主导主体，既要真正发挥和实现市场在资源配置中的主导和决定性作用，发挥外贸企业、外贸企业家精神和外贸个体在外贸经济发展中的主导作用，又要大力履行和发挥“有形的手”的服务职能。供给侧改革的侧重点在于供给方面的结构性改革，在对总体需求加强的同时，着力加强供给侧结构性改革力度，努力提高供应体系的质量和效率，增强经济持续增长势头。通过供给侧制度的改革，使得市场能真正在资源要素配置中起到决定性作用。对“有形的手”的行为界限，必须进行重新定义，限制“有形的手”的过度干预管制，但也绝对不能脱离“有形的手”的管理与整治。供给侧方面的改革仍然强调政府的监管功能，政府是供给侧结构性改革的一个核心组成方面，供给侧结构性改革视角下的政府是一个为经济发展而服务的服务型政府。目前我国政府基于供给侧结构性改革视角已经颁布了一系列大力支持外贸发展和外贸供给侧结构性改革的相关政策和文件。这些政策和文件是基于当前外贸发展的稳定与增长颁布的，重点培育对外贸易企业的竞争新优势，具有很强的针对性和可操作性。总体而言，政府减少“有形的手”的过度干预管制，正确发挥“有形的手”的调控功能，同时需要与其他的对外贸易政策之间实现协调配合，通过减轻外贸企业的税收负担等措施，达到降低外贸企业的融资成本的目的，减少外贸企业在汇率兑换中受损，以“有形的手”引领外贸企业，科学合理地引导新兴产业发展并加快布局调整相关外贸产业，从而培育我国外贸企业在科学技术、外贸品牌、产品质量和外贸服务等方面新的竞争优势。另外，“有形的手”可以提供行政审批便利化来侧重于提高我国企业贸易便利化水平，帮助外贸企业实现成本的降低，拓宽外贸企业的融资渠道以加强外贸企业贸易便利化等问题的解决。通过行政审批便利化程序，方便外贸企业，提高工作效率。为外贸发展提供便利，但是对企业的质量要求要严格，因为供给侧方面的改革仍然强调政府的监管功能。政府要严格按照国际高标准、高水平，努力促使我国外贸企业在科学技术、外贸品牌、产品质量和外贸服务等方面达到外贸行业的一致或领先的水平，提高整体国际竞争力，避免或减少遭受更多的国际贸易壁垒和贸易冲击。

(2)减少垄断，促进市场自由竞争。西方经济学指出，垄断会造成资源要素的极大浪费，造成社会的无谓损失，只有让市场自由竞争，才能实现资源要素的配置最合理化，从而达到社会福利最大化。西方经济学的这一理论与当前我国的供给侧结构性改革调整生产结构、提高全要素生产率的目标是一致的。促进市场自由竞争可以通过为垄断企业提供竞争对手来达到市场机制的改变与进一步完善，从而提供健康的、有利的竞争环境，激发市场的潜力，让所有外贸企业不会满足于现状。外贸供给侧结构性改革的核心要求就是贸易结构的调整和优化、贸易发展模式的转变、贸易发展力量动力的转变、贸易质量和生产效率的提高，通过提高外贸全要素生产率的优化，改善供给侧结构对于需求结构的适应性和灵活性。外贸供给侧结构性改革要进一步贯彻和全面推进高度开放的战略，打造畅通的自由竞争贸易渠道，通过进一步减少贸易和投资壁垒，放松贸易市场准入，增加进出口贸易清洁、促进贸易资源顺利流动和提高贸易进口便利化水平的供给渠道，从而扩大贸易进出口，实现贸易市场的自由竞争。

# 第 5 章　外贸供给侧改革创新驱动路径实证研究

## 5.1　“供给侧结构性改革”理论溯源与作用机理研究

本书通过研究“供给侧结构性改革”理论的溯源、供给学派在世界历史上“螺旋式上升”的变化发展规律，归纳出“供给侧结构性改革”的基本作用机理，得出结论：我国实施的供给侧结构性改革，不是对传统供给学派理论的机械照搬和套用，而是在我国进入“经济新常态”的背景下采取的对供给侧深化改革与优化管理的一大创新型举措。同时本书分析了“供给侧结构性改革”与创新驱动的关系，印证了创新驱动是“供给侧结构性改革”的核心持久发动力的结论。

### 5.1.1　背景

2015 年在中共中央财经领导小组第十一次会议上，习近平主席明确发出了“着力加强供给侧结构性改革、着力提高供给体系质量和效率”的号召，这在国内各界特别是学术界引起了广泛热烈的讨论。实际上，“供给侧结构性改革”理论的起源可以追溯到 19 世纪初著名的萨伊定律，这一定律的出现被学术界普遍认为是供给侧经济学派或供给学派的开端。前面已经提到过，萨伊定律自其出现后很长一段时间里在经济研究中占主导地位，至美国经济大萧条，凯恩斯主义对萨伊定律进行了几乎全盘的否定；然后在 20 世纪 70 年代，“供给学派”得以重新兴起和受到学术界的追捧，一段时间后凯恩斯主义再次重回舞台，“供给学派”的理论再次受到抛弃；之后 2008 年美国“次贷危机”引发全球性的金融海啸以及经济危机，使得“供给学派”又奇迹般回归舞台并处于举足轻重的地位。这一轮“螺旋式上升”的变化发展规律验证了辩证唯物主义所提出的“否定之否定”的逻辑。我国发展兴起的“新供给学派”，正是对这一历史长周期的延续和发展逻辑的验证，有中国特色的“新供给学派”实质是历史上经济学供给学派的理性回归。

### 5.1.2 “供给侧结构性改革”溯源

经济学家和哲学家亚当·斯密在1776年首次出版的《国富论》，至今仍是一部具有里程碑意义的文献，这部巨著到了19世纪深深影响了法国经济学家让·巴蒂斯特·萨伊。作为一名古典自由主义者，让·巴蒂斯特·萨伊是继亚当·斯密、大卫·李嘉图的古典经济学派兴起之后的又一个经济学伟人。萨伊定律的内涵是：“每个个体生产者之所以愿意去从事生产活动，要么是为了满足其个体自身对该产品的消费欲望，要么是为了用所生产的物品向他人换取物品或服务。”让·巴蒂斯特·萨伊在1803年的著作*A Treatise on Political Economy*中提出了著名的“萨伊定律”。按照让·巴蒂斯特·萨伊的论述，“某人通过劳动创造某种效用的同时授予其价值。但除非有人掌握购买该价值的手段，否则便不会有人出价来购买该价值。”可以说，让·巴蒂斯特·萨伊是基于否定生产过剩的存在而提出定律的，定律的核心观点在于“供给可以创造其本身的需求”。这一核心观点的重大贡献在于启发式赋予了西方经济学的研究中对于生产和消费、供给和需求如何相互影响从而决定市场价格机制的思考。1929年至1933年发源于美国，并且后来波及许多资本主义国家的经济大萧条与危机的到来引发了经济学界的凯恩斯革命，萨伊定律几乎被彻底否定与颠覆。凯恩斯主张，世界经济中的自动自我恢复调节机制无法使生产达到均衡状态，而这一观点与“萨伊定律”所认为的价格和利息率会自动自我恢复调节达到均衡状态的说法相矛盾。

### 5.1.3 “供给侧结构性改革”的作用机理

“供给侧结构性改革”对于一国或区域经济的作用机理可以概括为以下三个阶段：

第一阶段，“供给侧结构性改革”为一国或区域经济增长发挥源泉作用。基于增加政府支出会导致储蓄和投资的抑制，“供给侧结构性改革”从根源出发主抓供给侧，通过供给增加产量为经济发展提供源泉。

第二阶段，通过加强经济刺激和加大投资力度增加社会经济供给，通过增加投资和劳动来实现生产的增加和供给，特别是增加投资力度。实际上，投资是储蓄的一种转化，这导致了产量的增长快慢在间接层面上取决于居民和企业储蓄量的高低。储蓄起着驱动生产增长的重要作用，除储蓄之外，企业家精神决定着一国或区域投资的发展程度。

第三阶段，通过减税免税来增加刺激经济的手段。供给在根源上决定了一国或区域经济的增长，而供给本身自取决于刺激，刺激本身自取决于政府的各项宏观政策措施。征税政策规章条例、政府支出以及政府货币供给等宏观政策措施都会作用于刺激，从而间接作用于供给本身。其中，增加刺激的最有效的政府宏观政策措施手段是减税免税。减税免税的作用机理在于减税可以最大限度地让劳动者、储蓄者和投资者尽最大可能地获得最大的报酬与相应的利益，这种收入的结果是除去各种纳税和由于政府立法所造成的成本费用以后的报酬净额增长，从而实现刺激经济增长的目的。可见，“供给侧结构性改革”的作用机理可以表述为：增加供给—增强刺激—利用减税—经济增长(图 5-1)。

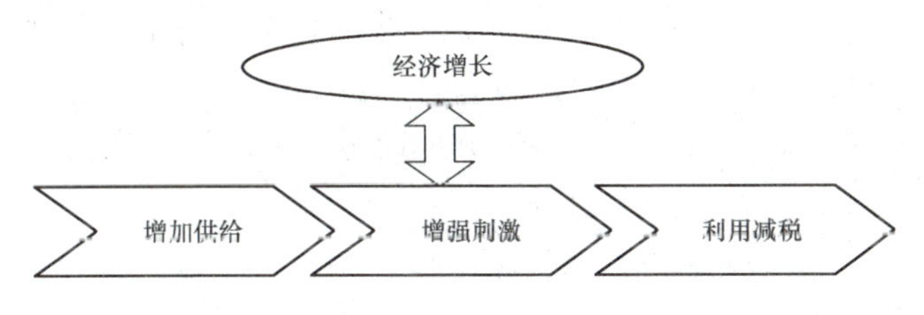


**图 5-1　“供给侧结构性改革”的作用机理**

### 5.1.4　“供给侧结构性改革”与创新驱动

创新驱动是“供给侧结构性改革”的核心动力。以创新驱动供给侧结构性改革，已然成为研究我国经济发展成效的一个十分重要的核心观察点。“供给侧结构性改革”与创新驱动的有机结合，可以不断强化经济增长的韧性和可持续性，促进经济结构调整真正实现从量的改变到质的飞跃的变化，最终逐步实现经济转型优化升级的预期目标，而这正是人们所期待的。作为供给侧结构性改革的一个着力点和“抓手”，创新驱动是新常态下我国加快打造经济升级版的一条必经之路，为“着力加强供给侧结构性改革、着力提高供给体系质量和效率”提供强大的核心支撑和持久的动力来源。创新是推动经济结构调整和持久发展的一个不竭动力。从世界发展格局来看，新一轮国际科技和产业竞争日趋激烈，谁在创新上领先一步，谁就能掌握发展的主动权。抓住了创新，实际上就抓住了牵动整个经济社会发展全局的链条开端。就我国产业发展实际而言，整体创新能力正在不断提升，但与英国和美国等西方发达国家相比，与产业转型升级的要求相比，还有一定的差距。这就需要我国把创新驱动作为一个重点优先战略部署，不遗余力地在供给侧结构性改革视角下推进全面的科技创新带动下的各类创新，加大全社会对于研发 R&D 的投入，加快培育孵化发展一批新兴产业，攻克转化一批创新技术，最终构筑提升一批强大的新平台，合力催生一批新业态，推广应用一批创新模式，努力建成创新型国家，从而进一步破解经济发展深层次的矛盾和问题，加快转变经济发展方式，提高经济与社会发展质量和效益。

## 5.2 供给侧结构性改革与创新驱动的辩证关系研究

供给侧结构性改革的主体是企业，主导者是政府，创新驱动是推动供给侧改革的原动力。微观层面上，企业作为供给侧，依据市场需求进行各种创新，以实现微观层面的供给侧结构优化和效率提升；政府通过制度创新发挥其主导作用，以营造良好的市场竞争环境，实现资源要素和产能的优化合理布局。供给侧结构性改革是一次以创新为驱动力、资源配置为抓手的企业经营目标、市场需求及政府经济目标三者微观、中观和宏观的辩证统一。

### 5.2.1 背景

当前，我国经济正处于一个转型的关键时期。国内经济进入“新常态”后，习近平于 2015 年提出要“在扩大总需求的同时，适度加强供给侧结构性改革”，为我国经济发展培育新的经济增长点指明了方向，是推动我国社会生产力水平实现整体飞跃的一个正确理论指导。习近平指出，供给侧结构性改革要“加法”和“减法”一起做，以实现供给结构优化，以创新驱动提高供给的质量与效率以及通过改革引领制度供给。研究供给侧结构性改革与创新驱动的关系对于全面推进供给侧结构性改革具有重大理论意义和现实参考价值。

### 5.2.2 供给侧结构性改革的内涵

供给侧结构性改革的内涵，是在当前内部资源条件及外部经济环境的双重约束下，对资源要素进行一种创新性驱动的资源优化配置及产业结构升级。供给侧结构性改革的外延可以追溯到市场需求侧，供给侧结构性改革最终还是要通过企业微观管理和技术创新以及政府宏观制度创新，降低交易成本，实现资源优化配置，更好地满足市场的需求，以实现总体经济在资源与环境双重约束下的可持续发展。

### 5.2.3 创新驱动与创新资源

国外最早研究创新驱动的学者、创新理论的奠基人 Schumpeter(1912)指出，创新是推动社会经济结构调整的发展动力和关键变量。资源要素投入对经济增长的贡献会出现边际收益递减的趋势，许多创新学派的学者指出，要解决这种资源边际收益递减难题，必须通过创新驱动推动技术创新进步和制度创新，只有这样才能抵消要素边际收益递减的影响，提高全要素生产率，确保经济的可持续增长。

### 5.2.4　供给侧结构性改革与创新驱动的辩证关系

在供给侧结构性改革中，创新驱动是一个原动力，具有战略引导的关键抓手作用，通过制度创新、技术创新等驱动可以从根本上改变我国目前面临的供给质量落后和效率低的困境与现状，从而通过全面创新带动全国各个领域供给侧改革的深入，实现经济发展模式的稳步转变。另外，全国各个领域供给侧改革的深入，也会更好地促进产业的中微观层面创新，在供给侧改革绩效的实现带动下，创新驱动会成为一种长期的社会导向和经济发展前进方向标。可见，两者的辩证统一关系十分明显。

**1. 以创新驱动作为供给侧结构性改革的发展动力**

从供给侧来看，一个国家经济增长的主要贡献要素是劳动力、资本、资源以及技术等。在稀缺资源的约束下，这些因素的数量是相对有限的，同时资源要素的边际收益会递减。在这种情况下，我国的经济如果要保持持续的稳定增长，就必须找到提高全要素生产率的方法，而创新驱动，便是这种可以抵消边际收益递减的方法。这是由近几年我国消费者的行为选择证明的，“双十一”、海外购物潮等充分表明，我国居民的消费潜力是巨大的，特别是中高端消费能力惊人。另外，国产商品多为缺乏特点的普通廉价商品，这就导致了国内中高端产品供应不足的问题的出现。解决这一问题的关键还是在于创新，通过创新提高产品质量，并且改进生产技术从而提高生产效率，为消费者提供更多高端高附加值的商品和服务，从而通过供给侧的创新改革刺激需求的传导机制，最终实现供给侧拉动需求侧的目标。

**2. 供给侧结构性改革下的资源优化传导促进创新驱动机制**

供给侧结构性改革要求淘汰落后产能。以“去产能”思想为指导，淘汰区域的落后产能，可以实现优势产业的聚集和发展，传导促进创新驱动竞争力。另外，资本市场供给侧结构性改革可以发挥其应有的对创业创新的资金融通和资本支持的功能，通过资本市场供给侧为大量的人才进行科技领域的创业提供资本支持，通过创新成果的绩效正迁移到创新驱动，实现供给侧结构性改革下的资源优化传导促进创新驱动。

## 5.3 基于“供给侧改革”与创新驱动的出口贸易模型研究

“供给侧改革”与创新驱动对于外贸转型升级有何影响？本书围绕这一问题展开研究，以广东省为例，通过对赫克歇尔—奥林—萨缪尔森模型进行改良和增加相关研究因素，借鉴 Markusen 和 Venables 的研究方法得出结论：创新驱动是供给侧改革的核心因素。本研究同时印证了创新驱动是推动外贸供给侧改革的主动力，异质性企业的创新差异性是导致外贸商品与服务出口供给侧异质性的根源。

### 5.3.1 背景

党的十八大明确指出，创新驱动发展战略是我国经济和社会发展的一个核心战略。作为我国改革开放的前沿，广东省迫切需要进行对外贸易转型升级。从广东省外贸发展的进程来看，广东省外贸快速发展很大程度上得益于对内改革和对外开放。对内改革，释放了大量的制度和人口红利，是从供给侧推动出口贸易发展的结果；对外开放，IT 革命和全球化带来的经济增长，是从需求侧推动出口贸易前进的结果。当前，广东省外贸已经进入新常态，面对增速换挡等问题，必须将“供给—结构—改革”作为理论和实践的大逻辑。对外贸易的供需结构具有理论和实践上的双重特殊性。在分析外贸供需结构理论和现状基础上，提出可行的改革实施路径，对于广东省培育和增强对外贸易优势、建设外贸强省有着积极意义。

### 5.3.2 文献综述

目前国内文献主要集中在对供给侧改革推动出口贸易转型升级的思路与方向方面，学术界对“供给侧结构性改革”也有不同的侧重点。厉以宁(2015)将供给侧调整分为出口部门结构调整和产业技术结构改革；贾康(2015)提出供给侧改革对于经济整体上具有发展挖掘潜力；李佐军(2015)认为结构性改革包括结构性安排和多个矛盾交织叠加形成的结构性问题；潘建成(2015)主张通过创新和结构升级、降低企业税负等方式进行供给侧改革。

### 5.3.3　研究设计

**1. 模型**

本部分按照国际贸易理论的传统，借鉴赫克歇尔—奥林—萨缪尔森模型，研究世界范围内两个生产两种商品的进口国。该模型存在一定数量的贸易公司，但公司可能选择生产两种商品，如果加入供给端和创新驱动因素，一个企业有可能在另一个区域经营；从而分配企业生产一个或多个其他商品构成该模型的均衡。这种引进创新驱动精神的方式的供给端进程预期将使企业获得更大的份额。在不增加规模回报和总数的框架内的企业数仍然是固定的，只有行业之间的企业数分配是由模型决定的。借鉴 Markusen J. R. 和 Venables A. J. (2000)的研究方法，结合广东省外贸实际和当前我国外贸供给侧改革的背景，将创新驱动纳入垄断竞争国际贸易模式中。在模型中，创新驱动的因素在论文中很重要，供给端创新驱动的作用仅限于决策在可能的开放生产并选择其规模。基于经典赫克歇尔—奥林—萨缪尔森模型的两种交易模型：两种商品和两个生产要素；资本和劳动是基本生产因素。第一个是国际流动的，而第二个是国家之间不能交易的。假设有两个贸易区域，所以可以考虑两个贸易区域经历某种形式的经济情况。假设这些贸易区域具有相同的生产者和消费者的特征，而它们的大小可能不同。所以，贸易区域内的消费者将在连续系列集合中被视为要素所有者。假设只有一个区域的要素所有者。消费只在 $t=1$ 时进行，所以当 $t=0$ 时，消费者出售禀赋生产要素的企业价格为：

$$(Q_1,\ (Q^a)),\ a=1,\ 2,\ 3$$

给定一个企业家 $N_k$ 每个国家 $k$，而区域 $k=k(v)$ 中的每个外贸区域可以设置一个企业，设置国家和行业组合的可用对 $(h,\ i)$ 的 $H_k$。我们得出外贸区域企业的选择为 $(h(v),\ i(v))$。一个生产商品的企业的技术是一个生产函数，为

$$Y_i=\phi f(z_{ij})$$

式中，$\phi$ 为随机变量，其值为1(“成功”)或0(“失败”)。变量 $z_{ij}$ 独立并相同分布。

为了将区域出口业绩与外贸区域的供给侧改革联系起来，我们引入了创新驱动作为研究中介。假设在每个外贸区域，创新驱动以名义回报率 $R_h$ 发行，这取决于创新区域 $h$。以这种方式界定均衡将在外贸区域中运行良好，但从形式的角度来看，一些参与企业选择区域和创新程度的基本非凸度，一般不能确定存在平衡。因此，允许企业随机选择区域和创新程度。这意味着在一个非明确的区域和创新程度中，假设区域的企业选择概率分布 $v_\mu$ 在允许的区域—创新程度对 $(h,\ i)$ 的子集 $H_k$ 上。平衡条件适应这个情况。设定区域 $i$ 与创新程度 $k$，得出模式

如下：

$$\sum_{h=1}^{3}[q_1\omega_1^h+q_2\omega_2^h]\theta_k^h=\sum_{v;k(v)=k(h,i)}\sum_{\in H_{k(v)}}\mu_v(h,i)(q_1z_{h,i,1}^v+q_2z_{h,i,2}^v)$$

从以上公式可以看出，将随机选择形式划分为将创新驱动活动分开的可能性在几个区域和创新程度中分布。即创新驱动的可能性，只与之相关的区域企业家对于所有的创新活动保持不变。根据 Markusen J. R. 和 Venables A. J. (2000)的研究方法对外贸出口和技术的标准假设，平衡存在。

**2. 命题假设**

(1)效用函数 $u_h$，$h=1$，2，3，$u$ 是连续的、单调的和准凹的。

(2)生产函数 $f_i$ 是连续的、单调的和凹的。

(3)$h_0$，$I_\omega>i=1$，2，对于每个 $h$ 值，存在一个平衡。

创新测量模型的拟合结果显示，$\chi^2=90.441$，自由度 $df=31$；$\chi^2/df=2.912$；CFI 和 TLI 均接近 0.9，RMSEA=0.106；路径系数在 $p<0.001$ 水平上都具统计显著性，拟合结果显示该模型的拟合效果较好。信度与效度分析证明本模型具有较好的拟合效果，可以运用模型方法研究创新驱动对于区域出口绩效的影响因素的作用机理。

**3. 小结**

本书得出结论，创新驱动是供给侧改革的核心因素，两者和外贸业绩之间的联系突出表现为模型的两个重要方面。创新程度与区域业绩之间存在正相关关系。模型中的偏见来源包括存在异质性企业特定因素，这同时印证了支持创新驱动是推动外贸供给侧改革的主动力，异质性企业的创新差异性正是导致外贸商品与服务出口供给端异质性的根源。

## 5.4 “供给侧结构性改革”视域下科技创新与区域外贸升级的作用机理实证研究——以广东省对外贸易为例

当前广东省服务贸易显现增长乏力，影响到对区域经济增长的贡献。作为外贸领域“供给侧结构性改革”的一个重要抓手，服务贸易的转型升级对于广东省外贸具有极其重要的现实意义。本书通过分析“供给侧结构性改革”的相关研究文献和成果以及广东省服务贸易的实际现状，从政府宏观层面、企业中观层面以及人才微观层面三个市场主体的角度出发提出实现广东省服务贸易转型升级的路径及具体建议。本书对科技创新驱动和区域对外贸易升级优化发展的相关性进行了实证研究，以广东省 2010—2016 年的数据为基础，对广东省出口量、广东省外贸企业高新技术产品出口总值、广东省外贸企业专利申请数进行了细致和深入的客观实证分析，通过采用 VAR 模型构建和 Johansen-Granger 检验等研究方法，得出相关结论。本书的研究结果显示：广东省外贸企业高新技术产品出口总值对本省出口量具有十分显著的驱动和促进作用。Granger 因果检验结果显示，外贸“供给侧结构性改革”的发展变化是促进科技创新驱动，进而促进广东省区域贸易升级的主要原因。在外贸“供给侧结构性改革”的政策推动下，科技创新驱动使外贸企业高新技术产品出口和外贸企业专利这两者形成一个“合力”作用于区域对外贸易升级优化，最终形成科技创新驱动与区域对外贸易升级的互相作用的机理。本书提出了应分步骤扩大和深化广东省外贸高科技产业的投资力度与支持力度，实行广东省外贸“供给侧结构性改革”中凸显科技创新驱动的作用，促进广东省区域经济在外贸升级优化的带动下可持续发展的建议。

### 5.4.1　背景

近年来在我国经济进入“新常态”的背景下，党中央提出要进一步扩大并深化改革与对外开放，这要求在全国各领域深化改革，外贸领域也不例外。服务贸易作为广东省经济增长的一个重要推动力，由于其进出口结构、区域结构、供需结构等不合理而呈现出“大而不强”的特征。因此，在经济新常态背景下，基于后金融危机时代的“倒逼”，广东省外贸领域的“供给侧结构性改革”对广东省服务贸易的发展具有重大而深远的意义。因此，本书研究供给侧改革驱动下的服务贸易转型优化升级路径具有极其重要的现实意义和实际参考价值。

科技创新驱动和区域对外贸易升级是当今国内外经济学领域的研究热点，引发了国内外学者的广泛关注。关于科技创新驱动和区域对外贸易升级之间相互关系的研究，不仅是创新经济学所关注的一个领域，也是国际贸易学和区域经济研究的交叉课题。科技创新驱动和区域对外贸易升级之间有着十分明显的互动关系，而且关系非常紧密。区域对外贸易现状的变化决定着该地区外贸的转型与升级，而地区外贸的转型与升级在很大程度上取决于科技创新驱动。科技创新驱动和区域对外贸易升级的协调发展对一个区域贸易乃至全国经济发展具有重大的实际意义。在后危机时代，我国许多沿海地区外贸面临“衰退式”增长，而广东省是我国外贸大省，也是改革开放的前沿，因此，本书以广东省外贸为例，结合当前的“供给侧结构性改革”大背景，研究科技创新驱动与区域对外贸易升级的作用机理。

探索广东省外贸“供给侧结构性改革”中如何凸显科技创新驱动这一要素的作

用，对于促进广东省对外贸易升级与优化具有非常重要的实践意义，同时也为广东省进一步深化对外开放提供了建议与对策。创新驱动，尤其是科技创新驱动是“供给侧结构性改革”的核心驱动力，因此，研究科技创新驱动与区域对外贸易升级的相关性对于外贸“供给侧结构性改革”具有重大的理论意义。

### 5.4.2 国内外研究现状评述

**1. 国外相关研究现状**

目前，国外学者主要是从价值链整合和升级视角出发对区域外贸升级进行研究。Grossman(2012)通过建立相似区域间的模型证明区域外贸转型升级与价值链攀升相关。Mayer(2014)进一步指出，价值链攀升的潜力将影响区域外贸转型与结构优化的速度。Koopman(2014)通过研究全球价值链分工对贸易成本的放大效应指出，价值链整合是区域外贸转型的有效途径，能够有效加快区域技术创新。另外也有学者如 Ranjan(2014)、Costinot(2014)、Berkowitz (2015)、Levchenko(2016)等从动力、创新和支撑等角度研究了构建区域外贸转型升级的机制。“供给侧结构性改革”的概念可以追溯到 19 世纪初供给学派的“鼻祖”萨伊提出“供给创造需求”的著名论断，之后学术界与政府展开大量研究与实践。Rosmailis(2014)进一步将供给因素归纳为两类：第一类，质量好的产品往往运输的距离更长；第二类，需求增加也可能会使新产品种类进入出口市场，从而导致出口增加。近几年也有学者基于异质性理论进行研究，如 Mayer (2014)、Melitz(2014)、Ottaviano(2015)等指出，贸易顺差不仅仅反映产品质量，所以应该剔除广度边际的影响。

**2. 国内相关研究现状**

国内学者对区域外贸转型升级的必要性和对策做了大量研究。薛荣久(2012)认为全球新贸易保护主义造成了对我国外贸发展的巨大冲击，提出外贸转型升级的必要性。孙亚平(2015)研究区域外贸转型升级的措施，提出相关的研究对策与建议：我国外贸经济可以通过加大技术投入来实现升级转型和优化外商直接投资结构。我国供给侧结构性改革与国外的供给学派的供给理论存在明显差别。因此国内学者对“供给侧结构性改革”做了大量结合我国实际的研究。贾康(2013)、滕泰(2015)指出供给侧结构性改革的内涵。有学者从宏观政策角度进行研究，厉以宁(2016)指出供给调控是产业技术政策调整，供给侧发力是增加供给而不是抑制供给。也有学者从外贸供给侧改革角度进行研究。张二震(2016)指出区域外贸亟待转型发展，加快推进外贸供给侧改革，是促进转型的有效途径。薛荣久(2015)指出服务外包产业是外贸供给侧改革的有力支撑。尤彧聪(2016)指出区域外贸必须持续强化政策供给，推进外贸供给侧改革，增强中间端政策扶持，推动外贸增长。

**3. 评述**

区域外贸转型是国内学术界研究的热点问题，国内外学者分别从不同的视角对外贸转型的必要性、存在的问题和对策等内容做了大量有价值的研究。但从供给侧改革这一角度研究区域外贸转型的学者目前还比较少。本书尝试运用定性、定量分析对科技创新驱动和区域对外贸易升级优化发展的相关性进行实证研究，以广东省 2010—2016 年的数据为基础，对广东省出口量、广东省外贸企业高新技术产品出口总值、广东省外贸企业专利申请数进行了细致和深入的客观实证分析，通过采用 VAR 模型构建和 Johansen-Granger 检验等研究方法，得出相关结论。希望可以弥补相关研究在这方面的缺失，提供可行性的参考。

### 5.4.3　“供给侧结构性改革”与对外贸易

2015 年，习近平提出的“供给侧结构性改革”在诸多领域促进产业结构升级，商务部提出探索区域外贸领域的“供给侧结构性改革”。2016 年，国务院政府工作报告明确指出将“推进新一轮高水平对外开放”作为“十三五”期间的重点工作之一，这一决策对于开放型经济发展的重要内容之一的区域外贸发展，具有绝对重要的决定性意义和深远影响。这为本部分研究提供了重大的时代政策指导依据。实施供给侧改革驱动发展战略，是区域对外贸易主动适应经济发展新常态的必然选择，已经成为区域在经济国际化进程中面临的重大课题。本书对供给侧改革驱动的区域外贸转型进行深入研究，对广东省出口量、广东省外贸企业高新技术产品出口总值、广东省外贸企业专利申请数进行了细致和深入的客观实证分析，从中得出发展的优劣势，进而有针对性地提出区域外贸转型发展的新路径，对于丰富和扩展创新经济学、供给理论、国际贸易学、区域经济学等理论和“供给侧结构性改革”具有重大的理论意义。

### 5.4.4　实证研究

**1. 变量**

本书构建 3 个变量：广东省外贸出口总值、广东省外贸企业高新技术产品出口总值、广东省外贸企业专利申请数。基于此 3 个变量构成回归模型。数据主要来源于 2010—2016 年的《广东省统计年鉴》，将高新技术产品出口总值和外贸企业专利申请数分别设为 $X_1$、$X_2$，出口总值设为 $Y$。这与前面对外贸易状况及三次产业结构变迁的阶段划分一致，数据主要为了消除原始数据中价格因素的影响，本书设定 2010 年为基年，对数据进行“滤化” 和“Log-Transfer”从而消除时间序列中存在的异方差问题。

**2. ADF 检验**

本书采用 ADF 方法对序列的平稳性进行相应的检验。研究发现，这 3 个变量的 ADF 值分别为：$\ln X_1=-1.529\ 822$，$\ln X_2=-1.559\ 63$，$\ln Y=2.692\ 123$，分别小于各自的临界值−2.985 65、−1.786 632、−2.523 102。证明这 3 个变量的一阶差具有显著的平稳性。

**3. 模型构建和 Johansen-Granger 检验**

本书构建 1 个由 $\ln X_1$、$\ln X_2$、$\ln Y$ 组成的 VAR 模型。为了进一步确定这 3 个变量之间的均衡关系是否稳定，接着进行了 Johansen 协整性检验，把 Johansen 作为研究检验这 3 个变量之间是否具有某种协整关系的主要判断依据，结果如表 5-1 所示。

**表 5-1　Johansen 协整性检验**

| 特征根 | $H_0$ | $H_1$ | 迹特征根统计量 | 临界值 | 最大特征根统计量 | 临界值 |
|---|---|---|---|---|---|---|
| 0.528 766 | $r=0$ | $r>1$ | 39.963 4 | 50.262 6 | 30.456 4 | 39.565 |
| 0.516 003 | $r<1$ | $r>2$ | 32.682 2 | 38.265 5 | 16.265 6 | 21.988 |
| 0.199 509 | $r<2$ | $r>3$ | 20.556 3 | 22.546 6 | 8.652 31 | 16.552 |
| 0.203 302 | $r<3$ | $r>4$ | 2.983 11 | 3.875 65* | 5.265 65 | 3.011 1* |

如表 5-1 结果所示，最大特征根统计量和迹特征根统计量检验都在 0.05 的水平上具有显著的协整关系。这证明了 $\ln X_1$、$\ln X_2$、$\ln Y$ 3 个变量之间呈现出线性协整性关系，同时表明了广东省出口量(区域贸易升级)与广东省外贸企业高新技术产品出口总值、广东省外贸企业专利申请数(科技创新驱动)之间不仅是互相紧密联系的，并且存在长期稳健的高度相关性。基于以上发现，对 HORIZONTAL 下的 VAR 模型进行 $\ln X_1$、$\ln X_2$、$\ln Y$ 3 个变量之间的 Granger 因果检验，结果如表 5-2 所示。

**表 5-2　Granger 因果检验结果**

| Null Hypothesis | Obs | F-Statistic | Prob |
|---|---|---|---|
| $\ln X_1$ does not Granger Cause $\ln Y$ | 30 | 2.402 55 | 0.245 89 |
| $\ln Y$ does not Granger Cause $\ln X_1$ | | 3.126 26 | 0.042 56 |
| Null Hypothesis | Obs | F-Statistic | Prob |
| $\ln X_2$ does not Granger Cause $\ln Y$ | 30 | 0.659 51 | 0.452 62 |
| $\ln Y$ does not Granger Cause $\ln X_2$ | | 4.566 62 | 0.026 52 |

从因果关系检验结果可以得知，在 $\ln Y$、$\ln X_1$、$\ln X_2$ 的关系中，滞后 1 到 3 期 5%的显著性水平上，广东省外贸企业高新技术产品出口总值和广东省外贸企业专利申请数(科技创新驱动)均是广东省出口量(区域贸易升级)的 Granger 原因。这表明在一定时期内，广东省出口量(区域贸易升级)、广东省外贸企业高新技术产品出口总值与广东省外贸企业专利申请数(科技创新驱动)存在线性的单方向 Granger 因果关系，也就是说，广东省外贸企业高新技术产品出口总值与广东省外贸企业专利申请数(科技创新驱动)的增加能对出口量(区域贸易升级)发展起到正驱动力作用。

### 5.4.5　小结与建议

本书基于创新经济学、供给理论、国际贸易学、区域经济学等理论，采用计量经济学的实证研究方法，对科技创新驱动和区域对外贸易升级优化发展的相关性进行了实证研究和探索，以我国外贸大省和开发前沿的广东省 2010—2016 年的数据为基础和数据来源，对广东省出口量、广东省外贸企业高新技术产品出口总值以及广东省外贸企业专利申请数进行了细致和深入的客观实证分析，具体通过采用 VAR 模型构建和 Johansen-Granger 检验等定性和定量研究方法，得出相关结论。Johansen 结果显示，短时期内广东省外贸企业高新技术产品出口总值对广东省出口量(区域贸易升级)具有十分显著的驱动和促进作用。立足长远来看，广东省政府应分步骤扩大和深化其对广东省外贸实体企业特别是服务业、高科技产业的投资力度与支持力度，在实行广东省外贸“供给侧结构性改革”中凸显科技创新驱动的作用，促进广东省区域经济在外贸升级优化的带动下实现可持续发展。这对于整个外贸结构的升级优化乃至整个华南区域经济升级优化、引领全国外贸“供给侧结构性改革”都有着重大深远的理论和实践性意义。Granger 因果检验结果显示，目前广东省乃至华南区域，特别是珠江三角洲一带的外贸“供给侧结构性改革”的发展变化是促进科技创新驱动进而促进广东省出口量(区域贸易升级)的 Granger 原因，即供给侧结构性改革的迅速推动加快了科技创新驱动的速度，从而激励了大批外贸企业高新技术产品出口蓬勃兴起和广东省外贸企业专利申请数大量增加，且专利制度对外贸企业高新技术产品出口的发展有着稳健持续的推动作用。总而言之，在外贸“供给侧结构性改革”的政策推动下，科技创新驱动通过外贸企业高新技术产品出口和外贸企业专利两者形成的一个“合力”作用于区域对外贸易升级优化，最终形成一个科技创新驱动与区域对外贸易升级的互相作用的机理。

## 5.5 供给侧改革视域下的环渤海经济区与珠三角经济区间外贸服务业溢出效应实证研究

本书基于供给侧改革视域，研究环渤海经济区与珠三角经济区间外贸供给侧改革，通过构建基于环渤海经济区与珠三角经济区的双区域投入产出模型，测量并计算出我国环渤海经济区与珠三角经济区间外贸服务业的区域间的溢出效应。基于本书的实证发现，提出环渤海经济区与珠三角经济区间外贸供给侧改革的建议。

### 5.5.1 背景

当前，虽然在需求侧和供给侧都存在着制约我国对外贸易增长的原因，但主要原因在于供给侧。我国当前外贸增长放缓是一个结构性问题。对于我国外贸发展问题，必须置于全球背景下正确科学地看待和研究对策。珠三角区域和长三角、京津冀两大经济圈得益于改革开放及其得天独厚的地理资源优势，经济发展走在了全国的前列，也起到了十分好的拉动作用。20 世纪 80 年代，借助改革开放的动力，珠三角经济区域迅速崛起，成为我国经济发展特别是对外贸易经济的第一个高增长区；进入 21 世纪以来，环渤海经济区迅速崛起，正在逐步成长为我国的另一个对外贸易经济的重点经济发展区域。环渤海经济区与珠三角经济区正在凭借双区域各自的区域优势迅速发展起来，在外贸供给侧改革和创新驱动下同时引领其他区域的快速发展。

### 5.5.2 文献综述

外贸服务业的溢出效应是指一个区域的外贸服务业发展对另一个地区的外贸服务业发展的一种单向性影响。对于如何去具体衡量区域之间的这种产业溢出效应，是国际贸易和区域经济研究的一个热点。目前学术界普遍认可的计量方法是使用区域间投入产出分析方法。Miller(1963)通过创建一个双区域的投入产出模型，对区域间经济溢出效应进行了实际测度。Round (1985)在此基础上进一步分解出多区域间的溢出效应。国内学者也对外贸服务业的溢出效应展开了研究，如张亚雄(2006)通过制作区域投入产出表，分析我国的区域间产业关联，研究我国沿海区域对内陆区域的溢出效应；魏作磊(2009)、陈健生(2012)通过把外贸服务业作为具体的研究对象，建立双区域或三区域投入产出模型，衡量外贸服务业区间和内部相互的溢出效应，得出结论，沿海地区的外贸服务业的受溢效应远远大于内陆。

### 5.5.3　实证研究

**1. 理论模型**

本书基于要素流量矩阵构建了双区域投入产出模型，记 $\Theta'=(1, 1, \cdots, 1)$，基于后向产业关联的溢出效应公式如下：

$$X^t=[Y_i^{\ t}]_{1\times n}=\Theta' D^t R^t \tag{5-1}$$

**2. 数据来源**

本书数据来源于各省份相关年鉴。根据本书的研究需要整理出我国环渤海经济区与珠三角经济区间的 5 个服务部门的数据。

**3. 基于后向产业关联双区域溢出效应实证结果和分析**

环渤海经济区外贸服务业的区域间溢出效应比珠三角经济区外贸服务业的区域间溢出效应要大，且环渤海经济区外贸服务业的区域间溢出效应(0.230 5)高于其自身所受到的溢出效应(0.100 9)，而珠三角经济区外贸服务业的区域间溢出效应(0.024 1)则低于其自身所受到的溢出效应(0.048 8)。环渤海经济区表现出的对外辐射溢出能力较强，环渤海经济区外贸服务业与珠三角经济区外贸服务业两个地区服务业呈现增长趋势，交流日益频繁，区域间产业联系日益紧密，环渤海经济区外贸服务业与珠三角经济区外贸服务业溢出效应较强。这说明环渤海经济区和其他区域对珠三角经济区的外贸服务产品需求较多，珠三角经济区外贸服务业发展水平通过外部需求的增加促使其提高。

### 5.5.4　小结

从以上的实证分析提出环渤海经济区与珠三角经济区外贸供给侧改革的建议，环渤海经济区外贸服务业与珠三角经济区外贸服务业的发展不仅要依赖本区域的市场，还要注重外部市场的开拓。作为我国外贸经济发展最为活跃以及外贸服务业发展水平较高的区域，环渤海经济区和珠三角经济区应该在外贸供给侧改革的基础上进一步加强服务业的区域间联系，以加快服务业的发展，发挥“区域间溢出效应较低”的区域输出潜力，提高“区域间溢出效应较高”服务部门的可持续发展，实施区际服务贸易供给侧改革战略。

## 5.6 外贸供给侧改革视域下的广州产业集群创新驱动升级作用机理研究

本书基于外贸供给侧改革大背景，通过从动态发展角度研究产业集群创新驱动升级作用机理，深入研究产业集群的升级作用机理，把握产业集群创新驱动升级的核心本质，研究广州外贸企业如何获得以创新为驱动的动态竞争优势，实现广州产业集群创新驱动外贸供给侧改革的目标。

### 5.6.1 背景

外贸供给侧结构性改革，其本质就是在外贸领域中全面实施供给侧结构性改革。经过40年改革开放的高速增长，广州已然成为我国大型的货物贸易区域之一，但广州的比较优势还是集中于劳动密集型产品。从供给侧结构性改革角度寻求对策，本质上就是要通过深化改革，改变以往的粗放式发展模式，这就要求外贸企业必须是从传统的要素和投资驱动转向创新驱动，这一关键性转变从根本上强化外贸产品服务质量和提升外贸发展的效率，为外贸企业的长期健康发展注入创新源泉与活力。总之，增加“高端有效的供给”、抛弃“低端无效的供给”是外贸供给侧结构性改革的再生产领域内涵。从动态发展角度来看，不断持续优化升级产业集群才是一个国家或区域发展的关键和区域竞争优势形成的核心。因此，为了广州区域制定科学合理的产业集群升级战略和可行对策，克服集群的固化以及衰化，有必要深入研究产业集群的升级作用机理，这对于实现集群的可持续发展具有重要的理论指导意义和现实参考价值。

### 5.6.2 产业集群创新驱动升级作用机理

从世界经济地理分布的版图来看，产业集群是一种特别的产业组织形式，它是在特定的地域空间基础上所形成的。迈尔克·波特(1998)指出，“产业集群”在地理上指的是在某一特定的领域内的一个聚集体。“产业集群”实际上还包括了一系列的相关联的产业以及其他的与之竞争相关的实体基础设施的供应商等微观组分。“集群”这一概念的纵向外延还包括了聚集体的下游，包括销售渠道以及终端客户，横向外延扩展包括生产聚集体互补产品的一些制造商，或是在技术层面上与聚集体相关的实体群。“集群”这一概念广义上还涉及政府、高校、标准化机构、智库、企业协会或商会等提供相关的专业化服务的机构组织，这些组织主要发挥科研、教育培训、信息提供和技术支持等作用。迈克尔·波特的“国家竞争优势理论”明确指出，产业的竞争是一个国家或地区获得竞争优势的关键所在，而产业的发展极大程度上是由该国国内的若干区域所形成的具备一定竞争力的产业集群所决定。产业集群内部是一个互相连接的系统。聚集体内部通过企业、高校研究所、信息技术服务中介以及政府等公共服务机构之间的互联作用，围绕同一主题和基于相关产业发展的前提下进行空间集聚，进而形成以产业分工与协作为特征的一个社会关系网络。产业集群内部的这种有机结合，不仅促使了分工协作以及竞争合作的形成，也升级成为规模经济，通过规模效应大幅度地降低生产成本和相关的交易成本。在这个过程中，聚集体内部的产业知识积累、技术外溢、信息扩散与应用都相应形成，知识、技术和信息这三个层面共同提高了产业集群的总体创新能力和效率，内部个体的相应竞争能力也得到提高，使得整体的产业竞争能力在创新的驱动下得以提高与增强。从动态发展的角度来看，产业集群是一个具备周期性的经济现象，它会经历发展、固化、衰化和消失等不同的演化阶段。这些阶段不断通过产业集群的持续推动和优化升级，使得产业集群得到进一步的培育，形成可持续发展态势，最终实现动态竞争优势的获得。

### 5.6.3　广州产业集群创新驱动外贸供给侧改革目标

推进广州外贸领域供给侧结构性改革的重要目标就是推进广州外贸的成功转型与优化升级。从广州外贸发展的实际转型的需要出发，广州外贸供给侧结构性改革的总体目标如下：第一，实现生产商品的品质提升。要通过变低端供给为高端供给这一路径实现产品品质的大幅提高和精致化水平的提升。第二，实现价值链条的攀升。当前的国际分工体系越来越细化，促使国际分工的主导形态已经变成基于全球价值链的专业化分工。在目前全球经济深度调整期间，周期性矛盾和结构性矛盾并存，因此外贸供给侧结构性改革的另一个重要子目标便是通过供给侧结构性改革实现广州制造向价值链中高端攀升，并且在动态长期角度上，实现价值增值获取和价值链链条持续攀升能力的提高。第三，实现产业结构的升级优化。产业发展构成了外贸经济发展的基石，外贸转型升级中“调结构、转动力”的一个重要内容就是实现产业结构的升级优化，这也是外贸供给侧结构性改革的一个重要方向。从需求侧看，只有迎合“分散个性化”需求才能刺激新的消费需求增长点，实现向更多的新型贸易业态转变，彻底实现供给模式的多样化，以符合国际需求侧的变化趋势。

## 5.7 外贸供给侧结构性改革视域下的广州创新驱动资源优化配置实证研究

在外贸供给侧结构性改革的宏观背景下，如何通过创新驱动推动广州外贸经济发展与升级，是当前广州外贸供给侧结构性改革的一个研究热点。本节从广州创新资源配置系统的理论渊源出发研究广州创新驱动的资源优化配置能力实现的内在机理，运用因子分析方法及DEA-CCR模型实证研究广州创新驱动的资源优化配置绩效，并基于DEA评价结果及面板Tobit回归模型分析了影响广州创新驱动的资源优化配置绩效的原因并提出政策建议。

### 5.7.1 背景

在外贸供给侧改革中，创新驱动具有战略引领作用，是供给侧改革与管理的一个“抓手”。创新驱动有助于加快供给侧结构调整步伐，实现外贸经济发展方式的转型升级。广州作为改革开放前沿，要求广州外贸区域经济必须根据广州自身的创新条件，科学选择创新主体的作用关系，合理设置广州创新驱动的资源优化配置的方式和路径，从而有效提高广州创新驱动的资源优化配置能力和效率。这对于全面、有序地推动我国的创新发展战略和外贸供给侧改革的实施具有重要的理论参考意义和现实指导意义。

### 5.7.2 国内外研究现状

近年来，国内外学者开始对供给侧改革与创新驱动的关系进行研究。国外学者最早研究创新驱动的是约瑟夫·熊彼特，他从供给角度指出创新是推动结构调整和发展动力转换的关键变量。从供给侧来看，决定一国潜在经济增长率的因素主要包括劳动力、资本、自然资源、技术和制度。在经济发展过程中，伴随劳动力、资本、自然资源等要素投入的持续增加，它们对经济增长的贡献都会出现边际收益递减趋势，这时只有通过创新，推动技术进步和制度变革，才能抵消要素边际收益递减的影响，提高全要素生产率，推动生产可能性边界向外不断推移，确保经济持续增长。这一观点得到了许多学者的认同(Freeman，1982；Utterback，1974；Cook，1996；Banerjee，2012；Lechevalier，2014)。有国内学者指出，在供给侧改革中，创新驱动具有战略引领作用，可以带动其他领域改革的深入推进，有助于加快结构调整步伐，实现经济发展方式的顺利转变(贾康，2016；

洪银兴，2016；尤彧聪，2017）。

### 5.7.3　研究设计

本节先构建广州外贸创新资源优化配置能力的评价体系。以广州市作为区域研究样本，从《广州统计年鉴》(2010—2015)获得 2010—2015 年的数据样本，所有指标取 5 年平均值，依据创新资源优化配置系统的三个主体构建指标体系。

本书拟采用因子分析方法结合 DEA-CCR 模型构建相应的广州创新驱动资源优化配置能力模型：

$$F=\beta_1 F_1+\beta_2 F_2+\beta_3 F_3$$

### 5.7.4　结果和讨论

根据广州创新驱动资源优化配置能力模型，本书得到相应的广州市创新资源配置能力绩效研究结果，如表 5-3 所示。

**表 5-3　Tobit 模型回归分析结果**

| T | 模型 1 | 模型 2 |
|---|---|---|
| ln$Gl$ | 0.112 3*** | 0.100 2*** |
| ln$TM$ | 0.061 8*** | 0.059 8*** |
| ln$GDP$ | 0.260 3* | 0.125 6* |
| Constant | −1.421 1 | −1.236 5 |
| 样本量 | 100 | 100 |
| 注：***、* 分别表示在 1%、10%水平上显著 | | |

根据上文得出的效率值及统计的影响因素指标值，运用 Stata 软件对广州区域创新资源配置效率的影响因素进行面板 Tobit 模型回归分析，并在实证过程中进行逐步回归。主体因素中地区国家产业化计划项目及技术市场活跃程度的系数均为正，其在 1%的统计水平上显著。结果表明：促进政府发挥在创新驱动资源优化配置中的引导作用，提高广州技术创新产业化水平，积极影响广州创新驱动资源优化配置效率；广州企业之间技术交易、企业与高校之间技术交易以及政府搭建的技术市场交易平台直接影响广州的技术市场活跃程度，而技术市场的活跃程度最终影响了广州创新驱动资源优化配置的效率。

### 5.7.5 结论与建议

在广州创新驱动资源优化配置系统中，直接投入的创新人力、物力及财力资源是影响广州创新驱动资源优化配置的最关键因素。因此，应合理配置研发经费与人员投入，加大研发财力的投入，壮大广州区域研发人员总量；政府部门合理配置基础研究、应用研究与试验发展研究的支出比例，给予基础研究更多的经费支持；构建多方位的研发经费融资渠道，为企业、高校及研究机构提供更多的融资平台，培育资本市场，建立风险投资基金。同时，应提高区域创新资源配置的能力及效率，兼顾培养区域创新资源配置的实力与潜力，实现广州创新驱动资源优化配置的供给侧管理的可持续发展。

## 5.8 基于耦合理论的广东省科技型外贸企业金融供给侧结构性改革实证研究

本节通过将耦合理论运用到广东省科技型外贸企业金融供给侧结构性改革的研究中，借鉴系统理论中的协同理论进行模型构建，实证广东省科技型外贸企业与金融供给侧结构性改革之间的耦合关系。本节通过设定广东省科技型外贸企业金融供给曲线函数和需求函数，研究广东省科技型外贸企业金融供给侧结构性改革耦合化机制，并得出结论，提出资金保障、技术提供和风险控制三个方面相应的建议。

### 5.8.1 背景

2015 年在中共中央财经领导小组第十一次会议上，习近平总书记明确提出了“着力加强供给侧结构性改革、着力提高供给体系质量和效率”的号召，这在国内各界特别是学术界引起了广泛热烈的讨论。

### 5.8.2 文献综述

**1. 有关金融供给侧结构性改革的研究**

历史上的经济供给学派以美国经济学家拉弗为代表，拉弗(1983)提出的拉弗曲线强调“经济中需求会自动适应供给的变化”，认为在供给和需求之间是供给而不是需求起决定作用；国内学者贾康(2015)指出供给侧结构性改革的核心内涵在于“深化改革”，为进一步解放生产力、实现机制转型构造一个系统工程。滕泰

(2015)指出，供给侧结构性改革就是通过降低融资成本，加大减税力度，从而达到放松供给约束以及解除供给抑制的目的。尤彧聪(2016)指出，外贸领域的供给侧结构性改革依靠“双创”刺激新供给，创造新需求。

**2. 有关系统耦合理论的研究**

“耦合”是一个西方传来的概念，英文为“Coupling”，物理学上的“耦合”指的是“两个或两个以上的系统或运动形式彼此之间通过各种相互作用而形成对彼此之间影响的一种机制”。具体而言，它是指两个或两个以上子系统之间的相互影响以及相互作用的关系。如两个单摆之间连一根弹簧，它们的振动就彼此起伏、相互影响，这种相互作用被称为单摆耦合。国外的学者对耦合理论展开大量的研究，主要集中在将这个物理学概念运用到社会和经济问题的相关研究之中，20 世纪 70 年代，美国学者维克(K. E. Weick)最早将这个物理学概念运用到社会和经济问题中。

### 5.8.3　系统协同理论模型构建

本节基于美籍奥地利生物学家贝塔朗菲(Bertalanffy)创立的系统论，并具体借鉴系统论中的协同理论(Synergetics)进行模型构建。本书的系统协同理论模型构建用序参量来描述系统的宏观有序程度，系统演化的结构和有序程度取决于序参量的大小；并结合美国学者维克提出的耦合效应(图 5-2)，即两个(或两个以上诸要素之间或诸系统之间发生相关联系的)子系统通过中介环节的关联和相互作用，展开相应研究。

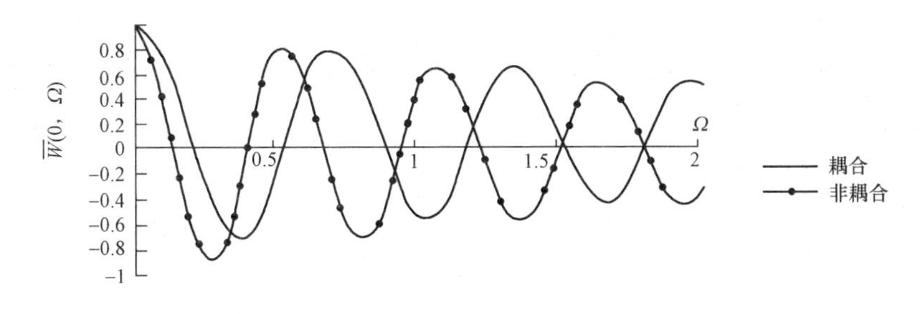


图 5-2　耦合效应

### 5.8.4　广东省科技型外贸企业金融供给侧结构性改革耦合化机制研究

本节基于系统协同理论模型构建，将科技型外贸企业金融供给曲线函数设为

$$S=F(X_i)$$

式中，$S$ 表示为科技型外贸企业发展提供金融供给的金融企业的产出值；$X$ 代表其他生产要素资源的投入，如资金金融要素和银行、互联网金融等金融机构等

$(i=1, 2, 3\cdots)$。

金融需求曲线函数设为

$$D=F(Y_i)$$

本节对于科技型外贸企业金融供给侧结构性改革耦合化机制，首先从科技型外贸企业发展金融需求和其对应的供给系统的角度出发，进一步阐述科技型外贸企业发展与金融供给侧结构性改革系统形成的相互作用和影响的一个动态变化、发展和逐步演化的过程。本节分别将科技型外贸企业发展和金融供给侧改革系统视为两个互动型动态演化发展的系统，两个系统通过相互影响和相互作用的耦合机制实现共同演化，最终形成更为复杂的“科技型外贸企业发展—金融供给侧改革”的复合统一耦合系统。

### 5.8.5 小结与建议

基于以上的分析，本节得出结论和建议如下：

(1)金融供给侧结构性改革为科技型外贸企业提供资金保障。由于耦合化机制的存在，针对科技型外贸企业的金融产品层出不穷最终推动了金融供给侧结构性改革，科技型外贸企业为金融供给侧结构性改革提供了一定的耦合化物质基础。

(2)科技型外贸企业为金融供给侧结构性改革提供技术性的保障。由于耦合化机制的存在，科技型外贸企业中的自动化智能技术为金融领域的供给侧结构性改革节约了人力成本和空间资源，降低了金融交易平均成本，并通过耦合化机制的作用，促进金融参与创新效率。

(3)科技型外贸企业为金融供给侧结构性改革提供风控保障。金融供给侧结构性改革能否成功的关键在于供给侧的风险管理的水平，而科技型外贸企业可以运用其发展过程积累的大量实体新技术来检测过程中的风险最终推动了金融供给侧结构性改革。这也是科技型外贸企业为金融供给侧结构性改革提供了一定的耦合化风控基础。

## 5.9 “供给侧结构性改革”视角下基于异构 Melitz 模型的异质性知识与跨境电子商务企业创新绩效的相关性实证研究

异质性知识对跨境电子商务企业核心能力和创新绩效有着深远而重大的影响。本节通过系统阐述“供给侧结构性改革”视角下跨境电子商务企业微观层面的内外部综合异质性知识的交互关系，构建异构 Melitz 模型，基于该模型深入分析探究综合异质性知识与跨境电子商务创新绩效的相关性，为全面客观地认识异质性知识对企业创新绩效的影响提供辩证思考。研究发现，固定出口成本是异构 Melitz 模型的关键，它决定了低生产率电子商务企业不能进入出口市场，并引起非出口型外贸企业的生产率低于出口型外贸企业。这一特定效应的异质性影响了对外贸易的成本，进而通过异质性生产率知识对跨境电子商务企业创新绩效产生影响。

### 5.9.1　背景

当前，供给侧结构性改革已经成为我国经济发展的最大主题。创新驱动成为强化跨境电子商务力度的一大推动力，促进了 2017 年跨境电子商务领域的供给侧结构性改革。跨境电子商务发展的根本出路在于科技创新和进步。跨境电子商务出口的发展已经进入创新驱动阶段(迈克尔・波特所说的 Innovation-Drive 阶段)，在创新驱动阶段，企业必须依靠各类创新，特别是科技创新来提升和实现外贸经济增长，在此阶段，企业可以更加充分地发挥对外贸易的内生增长优势。同时，推动跨境电子商务出口，本质上是做大做强服务产业，这也决定了跨境电子商务出口发展的动力源泉来自科技创新驱动，当前，推进跨境电子商务供给侧结构性改革是跨境电子商务健康、稳定和可持续发展的一个重要保证举措。

跨境电子商务是一种全新的国际贸易交易方式，它具有很强的交易便利性、信息透明性以及多样化的特点。WTO 认为跨境电子商务是一种通过互联网进行的商品和/或服务的电子化参与的生产、供给、营销和分配业务流程的模式统称。跨境电子商务从广义上讲是指利用分属于不同国家和/或地区的交易主体来具体实现电子化的一种传统的贸易中商品展示、磋商和支付环节的新型贸易方式。

### 5.9.2　文献综述

**1. 关于异质性知识的研究**

Baldwin(2004)指出，异质性外贸企业贸易理论是当代国际贸易理论研究的最前沿和焦点。在“新国际贸易理论”之前的贸易理论基本上都是基于产业分析进行的。而异质性外贸企业贸易理论将研究的视角突破性转移到微观层面，也就是具体研究外贸企业的行为。异质性外贸企业贸易理论在微观层面的研究主要贡献在于它揭示了许多以往贸易理论未涉及也很难解释的贸易现象。

目前，大部分的学者和经济学家对于异质性知识(Heterogeneity Knowledge)的研究主要聚焦于微观企业的出口行为、外贸企业的生产规模以及生产效率。Jensen(2009)和 Pavcnick(2012)研究指出，对于出口外贸企业来说，它和那些非出口外贸企业存在一种凸显的差异性，而这主要体现在其规模上，具体而言，出口型外贸企业比非出口型外贸企业具备更大的贸易规模。Tryout(2013)、Trifler(2014)进一步指出这种更大规模出口型外贸企业具有更高的技术和资本密集度，同时有着更高的生产率。Picnics(2016)指出贸易自由化可以很大程度上促使低生产率的外贸企业退出，而促使高生产率的外贸企业更快、更积极地进入出口市场，最终实现外贸企业总体生产率水平的提升。

**2. 关于跨境电子商务的研究**

学术界对于跨境电子商务对全球范围内的贸易经济的影响有着不同的结论。尤彧聪(2016)基于"一带一路"背景下的跨境电子商务发展前景实证指出，跨境电子商务虽然单位数额较小但频次多、速度快，在贯彻"一带一路"倡议中，跨境电子商务对于"一带一路"沿线国家和地区的交易双方的对外经济效率起着促进作用，主要通过互联网以邮件特别是快递方式实现各类商品的流通，跨境电子商务发展可带动"一带一路"沿线各国进出口贸易的增长。王明宇等(2014)、何琳纯(2005)认为这种跨境电子商务的贸易模式能够大幅度降低国际贸易中的成本，并将此类成本归纳为信息、订购和履行合同等成本。

**3. 文献综述**

基于以上国内外文献可见，当前从异质性知识的角度展开对跨境电子商务企业各种外贸经济行为的研究基本属于空白，而且结合跨境电子商务企业的微观层面创新绩效的文献也十分有限，所以本节可以对异质性外贸企业贸易理论有较大理论贡献以及相关的实证研究参考价值。

### 5.9.3 异构扩展 Melitz 模型

本节基于 Melitz(2003)基本模型，并以其作为本节的基本理论框架，对异质性的生产率水平进行分析与解释，并进一步深入实证异质性外贸企业的出口行为，同时，本书对 Melitz 模型进行异构扩展，以应用于具体研究跨境电子商务外贸企业的出口创新绩效。Melitz 模型结合 Dixit Stiglitz 多样化偏好，得出国际贸易自由化决定产业内资源再配置的自由进出条件公式：

$$v_e=\frac{f_d}{\delta}\int_{\varphi_d^*}^{\infty}\left[\left(\frac{\varphi}{\varphi_d^*}\right)^{\sigma-1}-1\right]g(\varphi)\mathrm{d}\varphi+\frac{nf_x}{\delta}\int_{\varphi_x^*}^{\infty}\left[\left(\frac{\varphi}{\varphi_x^*}\right)^{\sigma-1}-1\right]g(\varphi)\mathrm{d}\varphi=f_e \quad (5\text{-}2)$$

创新绩效对异质性外贸企业出口行为具有重要影响。林德(2016)首先强调，经济水平较高的国家的消费者比经济水平较低的国家的消费者在高创新绩效商品上的花费金额更多。在这种情况下，与需求接近的提供了更加丰富的商品的国家在生产创新绩效产品方面具有比较优势。

由以下函数对本节的创新绩效进行设定：

$$\Theta(R)=\gamma^{*}PW(R)P(R)/q \tag{5-3}$$

其中，消耗的创新绩效品质由符号 $\Theta(R)$ 来指代，$\Theta(R)$ 也代表数量和质量之间的控制互补程度，可供消费品种由 $R$ 来指代，同时，$R$ 的质量被设置为综合的和可观察的，所有被研究的消费者对象将会被分配到相等的每个具体品种而且每组品种的质量水平无差异。最优选择每种商品的消费量以最小化收购总成本消费束 $\gamma^{*}$，所以对品种 $R$ 的最优需求是偏好 $U$ 对 Dixit Stiglitz(2007)聚合扩展到其自身允许的版本用于数量和质量之间的一种替代。这个规范意味着弹性所有品种的替代品都是一样的。由于不同品种的创新绩效通过与商品的质量进行了加权处理，所以品质相当的质量和交易价格以相同的速度被消费。最大化异质性跨境电子商务企业公司是单厂、单产品生产商。入口被认为是昂贵的，必须产生生产启动成本。所有潜力的入门费用是相同的进入者并被表示为 $f_y$。投资机会的价值只能学习一次，费用是沉没的，异质性的生产力被认为是从具有累积密度函数($q$，$\beta$)的公共分布 $\gamma(p，\beta)$ 中随机抽取的一种支持[1；1]系数的生产力结构。在获得异质性生产力后，跨境电子商务企业同时选择质量及其产出的单价以及是否进入创新绩效品质。

$$\mathrm{Max}\phi=RS(r，\beta)+\Phi(T，\beta)+X(rt(\beta))-f_y \tag{5-4}$$

如式(5-4)所示，$RS(r，\beta)$ 代表着最优价格，这个最优价格的取得是以质量为前提条件进行解决的；$\Phi(T，\beta)$ 代表着最优质量，这个最优质量是以出口状况为前提条件进行解决的；$X(rt(\beta))$ 代表着电子商务企业的创新绩效，用于解决阈值生产率水平 Threshold。$RS(r，\beta)$、$\Phi(T，\beta)$ 和 $X(rt(\beta))$ 三个变量共同决定了异质性构建与每一个电子商务企业的创新绩效，以及各自的品质结果变量之间的一种相关均衡映射关系，如质量、价格和出口状况。对式(5-4)中的 $\phi$ 进行最大化有效处理计算，以得到边际收入，同时将边际收入设定等于边际成本，从而得出以下的产品服务定价公式：

$$P(\phi，\beta)=\Phi/q\,f_y \tag{5-5}$$

式(5-5)显示，只有当冰山运输成本处于极低水平，或是可以忽略不计时，有不连续性的功能映射会在生产力和生产效率的出口边际上实现有效优化。进一步推导可知，增加一个市场的规模效应可以在很大程度上促进收益质量的升级，同时，由于存在相关联的生产成本增加，更多单位的生产力和生产效率可以扩大甚至超过出口边际临界点。不连续性的大小在下降，因为贸易成本的增加降低了国内市场的国内市场份额捕获，从而减少了出口商质量升级的收益。

### 5.9.4　小结

本节开发了一个包含创新绩效垂直产品的易处理的扩展异构 Melitz 模型一般

均衡模型，在 Melitz 模型框架中通过异构而研究其存在的差异性。该理论清楚地表明，通过两个截然不同的渠道实现产品的价格：异质性和产品创新绩效。这印证了 Bernard(2007)指出的将异质性因素整合进一体化均衡框架的有关结论，Bernard(2007)框架中比较系统和全面地解释了所研究的国际贸易模式的异质性：即基于资源要素等禀赋驱动的比较优势获得很大程度上决定着某些特定国家的特定产业的出口量；本节从异质性理论角度出发并结合创新绩效，构建了“异质性跨境电子商务企业”质量的一种代理(agent)信息并将其量化表达，通过该代理(agent)信息预计市场需求的变动特征和质量模型，得出结论，异质 Melitz 模型基于异质性质量水平，对于跨境电子商务外贸企业的创新绩效功用和具体影响进行细分和量化研究，特别是针对贸易自由化和产业内部要素资源再优化配置的相关性与互动性进行实证研究。其中，异质性出口成本(HEC)是异构 Melitz 模型的一个十分关键的组成要素。HEC 的存在促使很大一部分低生产率的跨境电子商务外贸企业无法进入该领域的出口市场，其中，无法支付这项成本是一个原因，并引起非出口型外贸企业的生产率低于出口型外贸企业。这一特定效应异质性影响了对外贸易的成本，进而通过异质性生产率知识对跨境电子商务企业创新绩效产生影响。

## 5.10 基于创新正负迁移因素 SEM 模型的广东省外贸创新驱动路径研究

在进入经济发展新常态的背景下，面对后金融危机和欧洲主权债务危机对全球经济造成的冲击，广东省迫切需要进行对外贸易转型升级。广东省对外贸易转型与创新发展的动力是什么？本节围绕这一问题展开，通过对 2011—2016 年中外 80 篇关于外贸创新驱动因素的文献进行研究、统计分析，归纳出频次较高的有代表性的外贸创新驱动因素，对相关数据进行了梳理并划分为 5 个大类及 12 个小类，提炼了 5 个大的创新驱动因素指标和 2 大财务与非财务性限制指标。同时本节参照国外前沿对于“创新障碍”的负迁移研究，结合创新正负迁移因素，构建了创新正负迁移因素 SEM 模型和指标体系，分析了各个因素和关键环节之间的驱动关系，利用 5 个大的创新驱动因素指标和财务与非财务性限制指标对创新 3 个阶段之间的驱动关系进行了动态分析和论证，并进行比较评估，对不同类型的创新障碍及其创新倾向影响进行测度，重新平衡市场结构、需求和知识相对于金融和企业的限制作用。最后针对广东省对外贸易的具体实际情况，提出了外贸创新驱动发展路径的相关建议。

### 5.10.1　引言

党的十八大明确指出，创新驱动发展战略是我国经济和社会发展的一个核心战略。如何突破有限资源与环境的约束已经成为学术界非常值得研究的课题。

从国际范围来看，创新驱动经济转型发展也已成为全球最凸显的特征之一。当前，绝大多数发达国家和地区经济增长的模式已从“投资驱动”转为“科技驱动”，尤其以美国为代表的以科技创新战略为支撑的创新型强国不断寻求创新突破，已位居世界创新经济体前列。这同时在实践上验证了波特的国家竞争理论的前三个竞争阶段。创新驱动发展路径是全球经济发展的一个必然选择。

从内部来看，广东省实施对外贸易创新驱动发展战略是适应经济发展新常态的必然选择。广东省历来是我国外贸出口大省，很多深层次的问题随着经济发展而逐渐显现，如劳动力、资源及环境条件等这些广东省外贸企业赖以发展的要素的成本都在上升，传统“粗放增长”的对外贸易发展方式已难以持续。

从目前国内外的理论研究和实践经验情况来看，创新驱动是新时期对外贸易发展的驱动力已经得到理论研究的认可和实践经验的验证。本节利用构造创新驱动演化图式模型，从宏观、中观、微观三大层面综合进行全面科学的研究，从中得出发展的优劣势，进而取长补短，有针对性地提出广东省出口贸易创新驱动发展的新路径，这有利于广东省出口贸易转型升级，实现外贸协调健康发展，进一步提高对外开放水平，增强国际竞争力。

### 5.10.2　相关文献

**1. 创新驱动的概念和“创新障碍”的研究**

当前学术界认为，最早提出创新概念及理论的学者是熊彼特。熊彼特(1912)指出，创新是通过对生产要素进行重新组合，从而对原有经济发展轨道的一种有效改变和破坏。这种“破坏式”的创新形成了人类社会经济发展的原推动力。波特则强调创新驱动是以高新技术和知识为基础，通过培养微观个体的创新图式模型，从而进一步深化提高创新驱动能力，实现区域经济发展和产业升级。

国内不少学者也对创新驱动进行了研究，洪银兴(2011，2013)将创新驱动定义为：通过信息量、人力资源提升等履行要素最佳、最优的组合，累计推动科技进步的过程。张来武(2014)归纳了创新驱动发展的三个特点：企业家驱动、先发优势和以人为本。

目前，国外特别是英国和美国对制约创新驱动的因素进行了研究，主要将制约创新驱动的因素归纳为财务与非财务性限制指标。近年来，有关创新的实证研究越来越多地关注对“创新障碍”的看法，以及“创新障碍”对企业参与创新活动倾向的阻碍作用，研究“创新障碍”对于企业参与创新的强度和创新的可能性的影响（Galia 和 Legros，2004；Canepa 和 Stoneman，2008；Segarra-Blascoet，2008；Tiwari，2008；Mancusi 和 Vezzulli，2014）。D'Este（2008，2012，2014）指出，创新障碍对创新失败/成功率的实际影响具有明确的政策相关性，因为消除或减轻这些障碍可以大大增加创新者的数目，从而增加当前创新者的创新绩效。有大量的国内外学者从财务的角度出发研究创新障碍对于创新绩效的影响，Howell（2002）强调，创新的财务状况源于传统的现金流模型，其重点是对企业研发投资的财务限制，并可能反映近期金融危机的不利影响。

**2. 创新驱动的重要性研究**

万钢（2013）认为，实施创新驱动战略对我国经济转型发展以及提高企业自主创新能力具有重要意义，强调通过科技改革释放国家创新活力，实施创新驱动发展战略。刘志彪（2011）认为，创新驱动的重要性在于它是我国跨越“中等收入陷阱”的主要手段，有利于打破对原有“后发优势”的依赖，转入“先发优势”新轨道。马克（2013）认为，创新驱动发展的重要性在于其处于新的经济发展方式形成过程中至为关键的枢纽环节，是构建现代产业新体系、增强经济发展新动力和培育开放型经济新优势的连接因素。

**3. 文献评述**

目前相关文献的研究主要集中于创新驱动的概念及重要性研究等，对于具体研究广东省对外贸易创新驱动发展路径的文献缺乏。因此，本节的研究目的定位为研究广东省对外贸易创新驱动发展路径，从而明确回答“广东省对外贸易转型与创新发展的动力是什么、如何突破有限资源与环境的约束”的问题。

### 5.10.3 研究设计

**1. 指标与数据**

本节检索的数据样本基于国内权威数据库，利用设置检索词（丛）来导入识别需要的目标性文献。根据内容分析法的原理，确定本书数据收集依据。在依据“文章/刊名/作者/时间”的路径进行分类归类后，开始筛选阅读，剔除非代表性或与研究主题无关的文献。对筛选后得到的论文进行精读和深入研究，接着进行数据过滤与输入。本节数据严格按照上述文献检索研究模式进行归类。

**2. 统计分析**

在数据输入后，本节按照 Rothwell（1992）、尤建新（2011）等的研究方法，划分一个区域外贸创新驱动因素 5 个大类以及 12 个小类，按照这个原则将收集的因素进行整理归类，构架分析图式模型。

### 5.10.4　统计结果及模型构建

**1. 统计结果描述**

提炼出相关的外贸创新驱动要素频率，按照 Rothwell(1992)、尤建新(2011)等的研究方法，划分一个区域外贸创新驱动因素 5 个大类以及 12 个小类，按照这个原则将收集的因素进行整理归类，最后确定了 5 个分析层面(图 5-3)，并将其命名为“外贸创新驱动 5 个指标”。

**2. 结果分析**

如图 5-3 所示，在统计出来的外贸创新驱动 5 个指标中，创新资源(123)与创新制度(119)出现的频次最高而且非常接近，创新文化(93)次之，创新主体(61)与创新载体(45)频次相对较低。这 5 个指标基本包括了当前文献研究中提到频次较高的、比较受主流认同的外贸创新驱动因素。

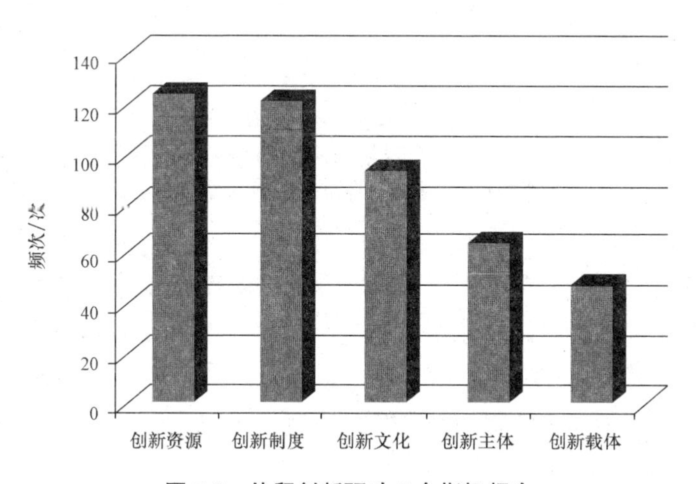


**图 5-3　外贸创新驱动 5 个指标频次**

**3. 基于因素驱动的外贸创新驱动五因素系统模型**

本节通过研究外贸创新驱动的不同因素，探索外贸创新驱动发展的路径模式，并构建模型框架，以便从全局系统研究这些因素之间的联系，避免孤立地研究单一因素，从而提供更多的创新驱动选择路径。外贸创新驱动是一个系统过程，其原动力来自政府的 Push(推动作用力)与市场的 Pull(拉动作用力)。政府供给层面主要体现在通过人才、信息等扩大外贸创新技术供给，通过采购与贸易管制等政策实施需求层面作用力。如图 5-4 所示，创新资源与创新载体提供物质来源，为创新主体提供硬性环境条件，是外贸创新活动的“基础设施”，确保外贸创新活动可以顺利进行；创新文化为创新主体提供文化支撑；创新制度为创新主体提供制度保障。这些因素营造了外贸创新的基本文化氛围，确保整个外贸创新体系得以顺利运行。

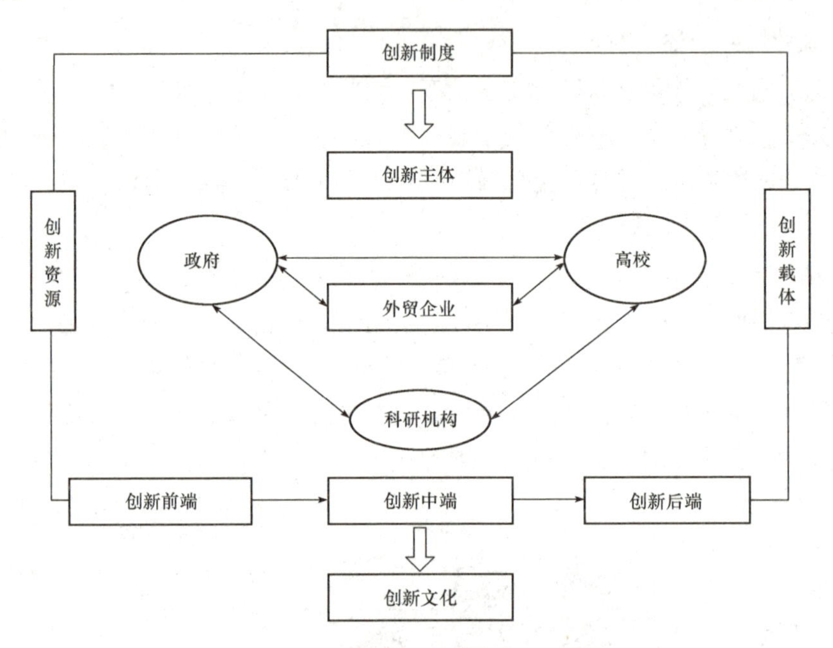


**图 5-4　外贸创新驱动五因素系统模型**

外贸创新驱动五因素系统模型进一步深化外贸创新驱动端口。创新前端主要包括基础科学创新以及原始知识创新，这个阶段的人力资本和基础知识的产出提供创新动力，创新主体是一个协调的组合：由高校、研发机构共建。资金投入主要以政府的投入为主体、外贸企业自身的科研投入资金为辅助。该阶段创新文化因素在于构造一种浓厚的创新环境，强化全民的创新意识。

创新中端体现为外贸科技成果的转化与商业化，即科技创新与新产品和外贸服务的创新，这个阶段外贸企业逐渐成为重要的创新主体，政府主要起引导作用，高校、科研机构积极互动，通过建立高新园区、创业园区等创新载体和平台，提升孵化率。该阶段创新文化因素在于提倡包容及承受失败的精神，以进一步升华创新环境。

创新后端包括创新成果的进一步产业化与规模化。外贸协会或权威官方通过引导采购和体制创新，促使科技成果的进一步产业化。该阶段创新文化因素主要是更加具体的外贸企业文化价值体现，外贸企业家精神发挥最关键的作用。

### 5.10.5 “创新障碍”对于外贸创新驱动的负迁移作用 SEM 模型研究

本节研究将广东省外贸企业作为研究单元，将影响广东省外贸企业竞争力的创新障碍因素，包括创新相关支出(投入)和引入创新产出，与外部对企业现金流量的融资限制等因素结合起来，实证“创新障碍”对广东省外贸企业竞争力的影响。本节提出研究假设：“创新障碍”对外贸企业竞争力有负向影响。本节采用案例研究法，决定使用针对外贸企业调查问卷的方式来收集相关的数据，再进行实证研究。本节研究针对“创新障碍”对广东省外贸企业竞争力的驱动机理展开探索，从大量调查案例中选择了 80 家最具代表性的广东省典型外贸企业，展开探索性案例研究，构建“创新障碍”对广东省外贸企业竞争力的负迁移机理的模型。按照 Likert(2000)的量表法来设计，通过针对研究客体的态度或观点的陈述构成题项。调查问卷的评分标准按照李怀祖(2004)的指标法进行制定。设计程序严格遵守 Dunn(1994)提出的调查问卷设计 4 步流程。围绕本节研究目的和研究原则，调查问卷内容包括企业基本信息及外贸竞争力等 11 个方面的主要内容。为确保研究结果的效度以及样本数据的信度，本研究在调查问卷发放时严格控制发放对象、投放区域以及渠道。本节所涉及的数据库主要是企业的一般信息(包括主营业务、所属范围、企业性质、年营业额、规模)，通过该数据与创新变量结合进行实证研究，以衡量企业参与合作创新活动和组织变革营销等互补性创新活动的绩效。参照 Howells(2003)、杨震宁等(2007)的维度测量方法，结合广东省外贸企业的实际现场调研与相关专家意见，使用 3 个细分题项来测量政府制度创新。

在进行探索性因子分析后，本节对研究变量做验证性因子分析，目的是检验所测变量的因子结构与最初构思的一致性。本研究将回收的 1 000 份调查问卷分为两个部分独立使用，850 份用于验证性因子分析，150 份用于之前的探索性因子分析。

制度创新测量模型的拟合结果(表 5-4)显示，$\chi^2=90.441$，自由度 $df=31$；$\chi^2/df=2.917$；CFI 和 TLI 均接近 0.9，RMSEA＝0.106；路径系数在 $p<0.001$ 水平上都具统计显著性，拟合结果显示该模型的拟合效果较好，变量的划分和测度有效。“竞争力—竞争激烈程度”的路径系数为 0.654，$p=0.201>0.001$，显示该路径系数不显著。

表 5-4 制度创新测量模型的拟合结果

| 驱动路径 | 标准化路径 | 路径系数 | C. R. | $p$ |
|---|---|---|---|---|
| 竞争力⬅政策支持 | 0.631 | 1.00 | 3.584 | *** |
| 竞争力⬅资金支持 | 0.627 | 1.21 | 3.881 | *** |
| 竞争力⬅产权保护 | 0.701 | 1.47 | 4.141 | *** |
| 竞争力⬅竞争创新产品 | 0.682 | 1.10 | 4.082 | *** |
| 竞争力⬅竞争激烈程度 | 0.110 | 0.654 | 1.041 | 0.201 |
| 竞争力⬅竞争创新合作 | 0.600 | 1.76 | 3.877 | *** |
| 竞争力⬅创新活动支持 | 0.702 | 1.20 | 4.112 | *** |
| 竞争力⬅任务挑战创新 | 0.745 | 1.24 | 3.920 | *** |
| 竞争力⬅绩效与报酬 | 0.622 | 1.01 | 4.102 | *** |
| $\chi^2$ | 90.441 | CFI | | 0.898 |
| $df$ | 31 | TLI | | 0.888 |
| $\chi^2/df$ | 2.917 | RMSEA | | 0.106 |
| 注：*** 表示显著性水平 $p<0.001$ | | | | |

以上信度与效度分析（探索性＋验证性）证明测量模型具有较好的拟合效果，可以运用结构方程模型方法研究创新障碍对于创新绩效的影响因素的作用机理，对研究假设进行验证。

实证结果显示，研究假设得到了证实，“创新障碍”对外贸企业竞争力有负向影响。通过信度与效度分析和 SEM 进行验证分析，形成拟合度较好的测量模型。该结果表明，从财务的角度出发加入研究创新障碍对于创新绩效的影响因素，强调创新的财务状况源于传统的现金流模型是必要的，从而印证了 Arqué-Castells (2012)指出的结论：创新的财务状况重点是对企业研发投资的财务限制，并可能反映近期金融危机的不利影响。此外，分析财务限制还有一个理由。如果看出企业由于缺乏现金而不能进行创新，而相应获取外部资金来源导致创新成本过高，Bertoni 和 Tykvová(2015)指出企业决策层可以通过提供现金流动性来直接缓解这些障碍，包括采取额外补贴、税收抵免或向风险投资公司进行增加创新（主要是研发）投资的形式。在本节中，除了加入以上因素外，还加入了企业可能会遇到的其他类型的障碍，除了通过融资获得现金来投资创新之外，不利于创新的还有其他制约因素，如进入市场的门槛过高、缺乏合格的创新人员、技术和市场的信息不对称性。所有这些制约因素可能会导致持续的系统性失灵，从而最终影响创新活动和将财务能力转化为研发能力的进程，同时，将创新活动扩展到引进新的商品和服务的流程也会受到影响。

因此，本节研究认为更加重要的是要把财务限制延长到非财务性创新障碍因素层面：由于缺乏关于技术和市场的适当信息，缺乏足够的技能，最有可能在金融危机期间，由于目标市场需求低，失去市场主导地位，导致企业不创新或无法创新。

本节构建结构方程模型(Structural Equation Modeling，SEM)，通过对该模型显变量的测量来推断隐变量，并检验假设模型的正确性。SEM 模型构建可以有效地解决这一问题。

通过 SEM 模型发现“创新障碍”对创新活动转化为实际创新产出具有负迁移的影响，区分“遏制”和“揭露”的障碍。本节区分财务和非财务障碍，以便说明获取知识、集中的市场结构、不确定的需求或监管是否在限制企业将创新投资转化为新产出的能力方面具有与财务可比的或比之更大的实质性影响。这一点印证了 D’Este 等(2008，2012)对于“创新障碍”对创新活动转化为实际创新产出具有负迁移影响的结论。通过进一步深化 SEM 模型，使用“潜在创新者的相关样本”，过滤不愿意创新的公司，因为不参与任何创新活动的因素不是从事这个创新活动的障碍，确定应针对干预措施的相关人群，进而探索创新投资强度与创新障碍观念之间的关系。研究结果表明，传统需求和市场结构因素与决定企业创新成败的财务限制一样重要。因此发现，创新监管方面可能会直接影响创新绩效，尽管监管影响程度要远低于财务限制。这一点印证了 Mohnen 和 Rosa(2015)、Baldwin 和 Lin(2016)关于创新强度与障碍感知之间的虚假相关性的潜在偏见来源的结论。

### 5.10.6　基于创新驱动正负迁移因素的广东省外贸创新驱动建议

**1. 创新制度指标**

制度创新学派提出把创新与制度结合起来。西方的制度创新理念是以市场配置创新资源、以企业为主体、以政府的采购行为作为推动力提出的。结合广东省外贸创新的实际情况，作为我国对外开放的前沿，广东省一直是改革政策的先行地与试验场，在外商投资、税收改革等方面可以获得更多政策优惠，因此具有很强的政策优惠吸引力。广东省外贸创新驱动可以通过政策获得发展优势，发挥创新制度指标这一驱动因素，让创新源泉充分涌流。同时，创新制度指标下的创新环境子指标驱动广东省外贸必须营造良好的经商环境，这决定了代表未来的创新经济的要素资源能否在广东省集聚，能否让广东省在新的全球产业分工和贸易新体系中占有优势和不可替代的地位。

**2. 创新主体指标**

当前学术界有关区域创新主体的说法以“三元说”在国外认可度最高。埃茨科维茨继承了萨巴托的思想，明确将政府、企业、高校/科研机构定位为区域创新活动的主体。推动广东省外贸转型升级，获取国际贸易竞争新优势的重要着力点，在于高校/科研机构与广东省外贸企业共同驱动，并且通过与政府的创新制度指标驱动形成合力，形成巨大的广东省外贸人力资本创新储备。外贸企业必须从制造优势向硬件创新优势转变，广东省改革开放以来累积的雄厚的制造业优势，特别是珠三角地区的硬件生态系统形成了培育智能硬件创新最好的基地与条件，最终实现政府、企业、高校/科研机构三位一体协调创新促使广东省外贸转型升级，为广东省在国际创新链中赢得竞争新优势。

**3. 创新文化指标**

全面贯彻广东省外贸领域的创新驱动发展战略必须从创新文化的角度出发进行分析，促使文化倾向有利于外贸创新驱动的发展。广东省外贸创新驱动发展必须充分营造良好的创新文化氛围，促使创新的外贸主体与外贸客体相互作用产生创新行为。

**4. 创新载体指标**

外贸创新过程是一个包括从新技术 R&D 到新产品/外贸服务成果商业化，再到海外市场开拓三个主要阶段的过程。在这个过程中，每一阶段都能找到驱动创新的动力，其中创新载体主要包括建设高新园区、培育孵化器优化产业链、加强产学研。结合广东省实际，广东省外贸必须通过建立与完善高新园区、创业园区等创新载体和平台，提升孵化率，为外贸科技成果的转化与商业化铺路。并通过这些载体达到科技创新、新产品和外贸服务的创新。

**5. 创新资源指标**

外贸创新资源不仅包括对传统外贸资源的转型升级，还包括对新基础设施、新信息网络、创新型组织管理等外贸资源的转型升级。在“互联网＋”时代，广东省是我国跨境电子商务第一大省，跨境电子商务企业已经成为广东省外贸的主体形态，拉动着广东省外贸新增长。因此在外贸创新资源驱动因素方面，广东省外贸必须充分发挥珠三角的通道资源优势，利用海上丝绸之路的优势，大力推动“互联网＋”专业市场发展，利用广交会的悠久历史和累积资源打造“互联网＋会展”，利用南沙自贸区优势打造“互联网＋”自贸区建设，加快广州跨境电子商务企业之都建设，集中力量打造跨境电子商务企业大型平台，参与全球外贸竞争。

**6. 融资约束指标**

直接影响创新障碍的因素，包括创新相关支出投入和引入创新产出，这主要体现为(外部)对企业现金流量的融资限制，这阻碍了研发投入。许多现有的研究发现，高度的不确定性、不对称性和市场复杂性与研发投入的财务回报和吸引外部资金的能力有关。大多数研究通过研究 R&D 投资对现金流量变化的敏感性来测试融资约束的存在性。然而，有些研究采用创新调查来获取关于企业对融资约束的直接信息回馈。实证结果证实，遇到财务限制大大降低了企业从事创新活动的可能性，而且这种财务限制的负迁移效应在小型企业和高科技领域更为明显。鉴于 Hall(2008)提出的融资约束作用的理想测试，Hottenrott(2015)发现，在内部资金供应相等的前提下，具有较高创新能力的公司更有可能面临财务限制对企业创新的负迁移作用。风险投资(VC)对企业创新的影响更大。风险投资是将创新产品与服务从实验阶段转移到投入工厂生产和消费者阶段的关键催化剂。风险投资公司通常更愿意投资具有较高创新潜力的公司，不管是在基础研究阶段还是在创新周期的开始阶段，潜在的创新型企业对于风险投资的依赖性都更大。

### 5.10.7　研究结论

本节的研究结论大致可分为以下 3 个方面：

(1)通过对 2011—2016 年中外 80 篇关于外贸创新驱动因素的文献研究进行统计分析，归纳出频次较高的有代表性的外贸创新驱动因素，对相关数据进行了梳理并划分为 5 个大类以及 12 个小类，提炼了外贸创新驱动 5 个指标。

(2)本节构建了创新驱动五因素模型和指标体系，分析各个因素和关键环节之间的驱动关系，利用外贸创新驱动 5 个指标对创新 3 个阶段之间的驱动关系进行了分析和论证，回答了“广东省对外贸易转型与创新发展的动力是什么、如何突破有限资源与环境的约束”的问题。外贸创新驱动是一个系统过程，其原动力来自政府的 Push(推动作用力)与市场的 Pull(拉动作用力)，其中创新资源与创新载体提供物质来源，为创新主体提供硬性环境条件，是外贸创新活动的“基础设施”，确保外贸创新活动可以顺利进行；创新文化为创新主体提供文化支撑；创新制度为创新主体提供制度保障。这些因素营造了外贸创新的基本文化氛围，确保整个外贸创新体系得以顺利运行。

(3)影响不同障碍和创新参与重要性的因素之间的联系以及障碍(主要是金融)对创新的影响突出表现为两个重要问题。首先，参与创新与创新障碍之间存在正相关关系，可能解释创新强度与障碍感知之间的虚假相关性的潜在偏见来源，以及这些分析产生的反直觉结果。这些偏见的来源包括存在异质性企业特定因素，同时支持创新项目并面临创新障碍。其次，“创新障碍”对创新活动的转化对实际的创新产出起着负迁移的影响。通过使用潜在创新者相关样本过滤掉不愿意创新的公司；而不参与任何创新活动的因素并不一定是从事这个创新活动的障碍，其影响并不显著。传统需求和市场结构因素与决定企业创新失败的财务限制一样重要，而金融创新监管方面可能会直接影响创新绩效，尽管监管影响程度要远低于财务金融的限制。本节主要关注“创新相关”因素，但也收集了有关非创新型企业的信息。然而，所有响应调查的公司都需要回应关于创新障碍的问题。公司可能会因为缺乏兴趣或最近的创新活动而决定不需要创新，因此原则上它们不会产生创新障碍。然而，企业也可能决定它们需要或愿意创新和投资于创新(潜在的创新者)，但是没有引入新的产品/流程(失败的创新者)。在其他情况下，企业可能会决定创新，投入财务资源进行创新活动，并设法引入新的产出(创新者)。本书进行了比较评估，对不同类型的创新障碍及其创新倾向影响进行测度，重新平衡市场结构、需求和知识相对于金融限制企业(包括拥有足够资金的企业)的作用。不愿意创新的公司的特征和愿意创新的企业的特征之间有根本的区别，对创新的影响以及未能引进新产品对于有针对性的政策干预是至关重要的。

针对广东省对外贸易的具体实际情况，提出了外贸创新驱动发展路径的相关建议：通过政策获得发展优势，发挥创新制度指标这一驱动因素的作用，让创新源泉充分涌流。同时，创新制度指标下的创新环境子指标驱动广东省外贸必须营造良好的经商环境和创新文化氛围。高校/科研机构与广东省外贸企业共同驱动，并且通过与政府的创新制度指标驱动形成合力，形成巨大的广东省外贸人力资本创新储备。通过建立与完善高新园区、创业园区等创新载体和平台，提升孵化率，为外贸科技成果的转化与商业化铺路。加快广州跨境电子商务企业之都建设，集中力量打造跨境电子商务企业大型平台，参与全球外贸竞争。

# 第 6 章　外贸供给侧改革优化资源配置实现路径

## 6.1　修正钻石模型与优化资源配置指标体系构建

### 6.1.1　钻石模型与适用性

钻石模型(Diamond Model，DM)是由美国学者迈克尔·波特在其代表作《国家竞争优势》中首次提及并进行定义的。钻石模型的框架如图 6-1 所示。

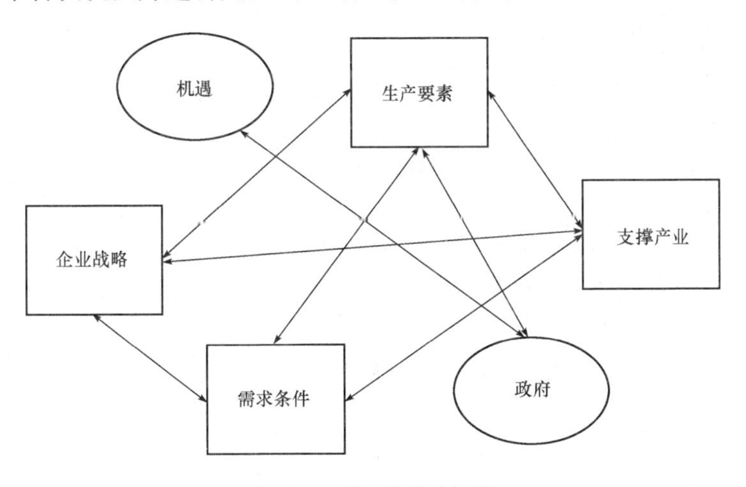


图 6-1　DM 模型的框架

迈克尔·波特认为，钻石模型(DM)中的要素都是十分关键的，且能直接影响并决定企业竞争优势，即钻石模型中各要素之间的配合和协作程度，决定一国的经济竞争力。

### 6.1.2　DM 模型修正(DMM)与省域优化资源配置外贸优势获得指标架构

迈克尔·波特的 DM 模型是建立在美国、欧洲等发达地区工业化实践的基础上的，其不一定完全适用于发展中国家，特别是与我国珠三角地区特殊的实际地域具有较强的异质性。所以，必须结合我国珠三角地区特殊的实际地域情况对 DM 模型进行相应修正，建立修正钻石模型(Diamond Modified Model，DMM)。

钻石模型按照生产要素在竞争优势中的作用将其细分为两种：初级要素(人力资源和天然原始物质)与上级要素(信息源、数据和硬件物质)。笔者将高新技术创新水平设定为衡量广东省外贸竞争力的一个重要指标，并将其具体细分为出口总额、外贸开放度、外贸商品构成比例、出口市场结构的优劣程度和外贸经营主体结构优度 5 个方面。

由此，笔者基于钻石模型建立了广东省外贸竞争力指标体系框架，如图 6-2 所示。

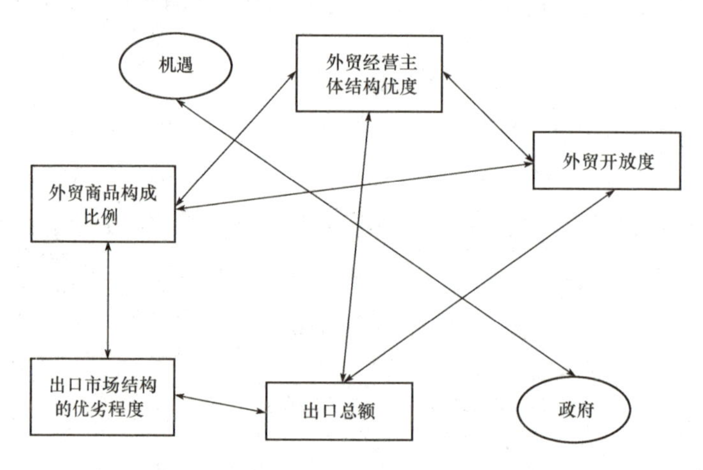


**图 6-2　广东省外贸竞争力指标体系框架**

### 6.1.3　优化资源配置的影响因子解释

**1. 出口总额 $X$**

出口总额是衡量一国或地区贸易实力大小的指标，同时也是描述一国或地区获得出口层面的相对竞争优势的指标。

**2. 外贸开放度 $\phi$**

外贸开放度用来指代出口体量对一个经济体或区域的作用强弱，计算公式为

$$\phi=(E+I)/GDP \tag{6-1}$$

式中，$E$ 表示出口量；$I$ 表示进口量；$GDP$ 代表当地生产总值。

利用外贸开放度指标有利于说明外贸对广东省经济的影响。

**3. 外贸商品构成比例 $P$**

外贸商品构成比例是用来衡量外贸发展中商品构成优化度高低的指标。本节

使用高新技术产品(High Technology Products，HTP)构成比例来反映广东省企业的产品创新能力水平。具体计算公式为

$$P=HTP/E \tag{6-2}$$

式中，$P$ 表示外贸商品构成比例，通过 $P$ 研究广东省外贸出口商品中高科技产品的比重变化对外贸出口商品构成比例的影响情况；$E$ 表示外贸出口额；$HTP$ 表示高新技术产品出口额。

该指标可以反映技术创新水平对推动出口商品升级的作用，从而体现其对广东省外贸转型升级的影响。

**4. 出口市场结构的优劣程度 $M$**

出口市场结构的优劣程度指标用来描述一般贸易的实际占比，因此，一般贸易所占比例可以较好地反映出口市场结构的优劣程度和出口竞争力。具体计算公式为

$$M=GT/X\times 100\% \tag{6-3}$$

式中，$GT$ 表示一般贸易出口额；$X$ 表示外贸出口额。

**5. 外贸载体主导型结构系数 $\theta$**

本节选取外贸载体主导型结构系数作为衡量技术外溢的代理变量。具体计算公式为

$$\theta=XFIE/X\times 100\% \tag{6-4}$$

式中，$XFIE$ 表示外商投资企业出口额；$X$ 表示总出口额。

### 6.1.4　DMM 模型定量实证研究

**1. 因素权重设置**

本节对各个因素权重的设置：$M>P>X>\theta>\phi$。

**2. 构建比较矩阵**

$$A_5=(a_i)=\left|\begin{array}{ccccccc} A_5 & b_1 & b_2 & b_3 & b_4 & b_5 & r_i \\ b_1 & 1 & 2 & 2 & 0 & 2 & 7 \\ b_2 & 0 & 1 & 0 & 0 & 0 & 1 \\ b_3 & 0 & 2 & 1 & 0 & 0 & 3 \\ b_4 & 2 & 2 & 2 & 1 & 2 & 9 \\ b_5 & 0 & 2 & 2 & 0 & 1 & 5 \end{array}\right|$$

利用 Matlab 数学软件，得到以下矩阵：

$$\begin{vmatrix} A & b_1 & b_2 & b_3 & b_4 & b_5 & r_i & W_i & Y_i \\ b_1 & 2 & 6.1 & 4 & 1.11 & 0.54 & 20 & 0.57 & 1.05 \\ b_2 & 1.07 & 2 & 1.21 & 1.03 & 1 & 0.001 & 0.11 & 1.02 \\ b_3 & 1 & 1.94 & 2 & 5 & 5.09 & 4 & 1.09 & 0.022 \\ b_4 & 2.04 & 8 & 6.1 & 0.5 & 1 & 4 & 0.3 & 1.002 \\ b_5 & 0.21 & 5 & 2.01 & 1.12 & 2.2 & 1.001 & 2 & 0.8 \end{vmatrix}$$

$$Y_i = |0.26 \quad 1.91 \quad 0.087 \quad 0.489 \quad 0.21|$$

### 3. 检验矩阵一致性

C. R. =0. 000 421，C. R. 明显远小于标准值 0. 01，可见该矩阵的一致性检验效果良好，信度高。由此得出本模型的指标权重，如表 6-1 所示。

**表 6-1　模型的指标权重**

| 竞争力水平 | 权重 |
| --- | --- |
| 出口市场结构的优劣程度 $M$ | 0. 452 |
| 外贸商品构成比例 $P$ | 0. 26 |
| 出口总额 $X$ | 0. 15 |
| 外贸经营主体结构优度 $\theta$ | 0. 087 |
| 外贸开放度 $\phi$ | 0. 05 |

### 4. Quasi-ex 检验

本研究 Quasi-ex 检验数据源为 2010—2015 年的《广东统计年鉴》，通过初步计算得出本研究 Quasi-ex 检验基于 VAR 系统的协整关系，如表 6-2 所示。

**表 6-2　VAR 系统的协整关系检验**

| 特征值 | 迹统计量 | 5%统计量 | 协整向量个数 |
| --- | --- | --- | --- |
| 0. 841 1 | 36. 010 9 | 35. 010 3 | None* |
| 0. 415 6 | 10. 243 2 | 16. 329 9 | Atmost1 |
| 0. 145 6 | 2. 372 6 | 3. 841 5 | Atmost2 |
| 注：*代表在 5%显著性水平上拒绝原假设 | | | |

### 5. Quasi-ex 检验结果分析

利用 EViews 软件进行 Quasi-ex 检验结果分析可得出，各个影响指标强弱顺序依次为出口市场结构的优劣程度 $M$、外贸商品构成比例 $P$、出口总额 $X$、外贸经营主体结构优度 $\theta$、外贸开放度 $\phi$。

Quasi-ex 检验结果实证了本研究的层次分析体系的假设指数信度与效度较好。

### 6.1.5　DM 模型修正(DMM)与省域优化资源配置外贸优势获得

**1. 基于 DM 模型修正(DMM)优化资源配置出口竞争力实证分析**

从以上实证数据可以看出，出口市场结构的优劣程度在外贸竞争力水平上占 0.452 的权重，也就是说，广东省外贸出口竞争力指标中出口市场结构的优劣程度的贡献率最高，是一个关键因素。外贸模式构成必须进行创新驱动的优化。作为外贸大省的广东省，当前一方面外需疲软、成本高，外贸传统优势不再；另一方面新业态、新优势还没有明显发挥作用。外贸商品构成比例占 0.26 的权重。从数据上来看，特别是从广东省外贸出口的工业制成品各大类的数据看，高新技术产品的发展尚不稳定。出口总额占的比重是 0.15，依靠贸易模式的优化和附加值较高的高新技术产品发展才是主要方向。外贸经营主体结构优度比重是 0.087，体现出通过外商企业技术外溢效应推动的学习效应在外贸中贡献率相对较小，特别是广东省在后金融危机时代，在 DM 模型中的国际市场需求日益减少、国际保护壁垒越来越严重的背景下，外商企业技术外溢效应对广东省外贸的影响权重将趋向减小。外贸开放度占 0.05，这一指标主要与 DM 模型中的政府和机遇要素有直接联系。

**2. 基于 DM 模型修正(DMM)优化资源配置出口竞争力路径建议**

本节从广东省出口市场结构的优劣程度和广东省外贸商品构成比例这两个实证权重最大的指标出发，提出相应的对策与升级路径。

(1)价值链创新可持续发展驱动。广东省外贸企业必须立足于促使价值链可持续发展；实现创新发展驱动，培育新的贸易模式，支持生产性服务业发展。价值链可持续创新发展驱动要更有效率，从制造设施的创新发展驱动到基础设施延伸式价值链。在这个阶段，外贸企业与供应商和零售商合作开发环保原材料和组件，以减少浪费。通过价值链可持续创新发展驱动，可最终实现以下目标：创造一个更好的企业形象，降低成本，创造新的业务。这个驱动对后金融危机时期经济困难的广东省外贸企业的生存与发展具有重大意义。

(2)自主创新协同科技驱动。广东省外贸出口企业尤其是民营生产企业必须自主创新，加强科技驱动。初创企业可利用新技术，挑战传统智慧，挖掘有效的创新商业模式。广东省外贸出口企业还要进一步深化自主创新技术，使其上升到一个成熟的行业业态，创造一个自主创新与科技驱动的外贸出口创新商业模式，最终大幅提升其在广东省国际贸易中的异质性核心竞争力。

(3)创建下一步实践创新平台驱动。广东省外贸出口企业可以通过创建下一步实践创新平台驱动，使下一步实践范式创新改变现有范例。创新下一代的创新实践，才是广东省外贸出口企业可持续创新的根本。外贸出口企业高管必须辩证判断当前实践范式背后的隐含假设，并以此驱动下一步实践范式创新。

## 6.2 经济模型与算法在资源配置问题中的应用

本节提供了一些运用经济模式和机制的代表理论观点以研究资源配置问题，并基于分析资源分配问题，提出一些基本的机制和模式，归纳经济机制的代表性应用并对模型进行总结。

### 6.2.1 导入

资源分配问题是一个理论问题，跨越各个领域的研究，包括运营研究和管理科学，也包括负荷分布、制订计划、计算机调度、投资组合选择、分配和分布式计算等。学术界已经试过了运用各种计算方法研究资源分配问题，如线性预测编程、整数编程、动态规划、详尽算法和启发式遗传算法等。资源配置经济理论的研究内容，在于如何进行社会分配和应该如何实现分配的方式，特别是成员之间的资源配置。所以，经济理论分析了资源配置的一些机制，并提供了很多理论模型与结果，并把与资源分配问题有关(如效率、最优性、衔接性等)因素考虑进来。

因此，经济机制和模型可以用于提出、改进和验证资源配置的效率算法。因此，这些机制和模型中的一些算法已被应用于研究如何通过经济方式解决资源配置问题。

本节显示了经济机制和模型已被用于处理资源分配问题。因此，基于总结一些主要的经济机制和模型，研究它们的主要应用及如何运用于计算资源分配问题。

### 6.2.2 资源分配问题

资源分配问题广义上是指在一组消费者(实体或活动)中分配一些稀缺的资源。该问题的出现是在资源量不足的情况下，如何满足所有消费者(实体或活动)的要求，因此，它必须决定如何分配资源。

哪些消费者会收到资源和他们会收到多少个可能的资源都与一个实用程序(适合或奖励)有关，有必要找到这种分配组合以使效用最大化。在社会经济制度中，寻找一组代理，使得每一个代理都有自己的实用程序，实用程序的功能取决于资源的分配收入，首先有必要界定社会福利功能，以下的资源分配函数定义了与分配相关联在代理商的效用方面的实用程序。

$$\text{Max } z=U(x)^2\ X^*$$

其中 $X$ 是可行分配集，$U(x)$ 是 $a$ 功能，为每个可行的分配分配一个实用程序。一组可行的分配由金额和资源的性质决定。不管是离散还是不离散的，资源可以持续下去，都可能有一种或多种资源。各种资源可以共享。在消费者中，问题的难点取决于形式效用函数以及可行分配的空间资源的离散性。

### 6.2.3　经济资源配置

经济学是一种社会科学，经济资源配置研究经济货物的分配、贸易和消费服务。因此，经济理论研究的主要问题之一就是资源(包括货物和服务)在社会中的分配。经济学的本质就是研究一些特定的资源分配机制，并提供了一些关于资源分配机制的模型。以下是一些典型的资源分配机制及模型。

**1. 主要经济机制**

经济理论研究了资源分配过程所涉及的机制，同时还提供了一些模型。其中的一些机制是有关定价、市场、拍卖和税收等方面的。经济机制的实质是“经济代理商”交换商品和服务的一种行为，金钱被使用于交换商品和服务的过程中。从计量经济学角度看，每一种商品和服务会被分配或赋予特定的一个数量价值，这个给货物或服务分配价格的过程被称为定价。从这一意义上讲，市场就是指商品和服务与需要这些商品和服务的人实现商品和服务的交换过程，该交易涉及金钱和价格。有时，商品和服务的价格是由拍卖决定的，这是一个特殊博弈机制，决定哪个潜在的买家有好的竞争对手和不同的金额。

**2. 主要经济模式**

对上述经济资源分配机制进行了研究之后，我们可以归纳出几种经济数学模型。

(1)瓦尔拉斯市场模式。在这个模型中，市场中的每种商品都有一个自身价格，每个代理人有初始禀赋(初始分配)。交易的商品是可分割的，而不是可分享的。因此，商品在空间图形上的体现就是凸状的。“经济代理商”是价格的接受者(他们不能影响价格)，同时他们不满足现状(他们总是想要更多)。每个代理商具有预算约束、由其初始值给出的禀赋，以及每个代理人最大化自己的福利(由效用函数给出)，证明每个代理商都试图获得更多的货物，尽管受其预算限制。因此，解决每个代理商的最大偏好值就是“平衡市场”所达到的均衡点。如果这个平衡的供给和需求是平等的，那么部分市场处于一般均衡状态，所有商品的均衡，就意味着需求的总和与所有在市场上互动的代理商都等于所有商品的总供应量。“瓦尔拉斯平衡”被定义为一个导致市场普遍的价格平衡(供给＝需求)。只要给予初始禀赋和准凹面效用函数，总是会存在一个独特的瓦尔拉斯平衡，也就是“帕累托最佳”。这意味着市场存在一个有效机制的资源分配。但是，这种模式存在一些缺点，比如对于均衡的可达性以及关于代理人的假设。对于平衡的证明，瓦尔拉斯市场模型并没有说明它的存在可达性。在瓦尔拉斯市场模型中，平衡过程是一个经纪人(或制造商)达成了一个已知的禀赋和偏好过程并以此计算平衡过程。这个过程已经显示出其在计算上的困难性。因此，一些分布式交易机制一直是模型化，如何促使其聚合配置资源达到最佳分配，保证公正的时间，同时更贴近实体经济行为，仍然比较困难。同时，这种模式是随机的，不能保证平衡的唯一性，因为均衡是一种路径依赖。

(2)拍卖模式。经济学家一般使用博弈理论来研究拍卖模式。不同的拍卖模式试图处理与投标人的战略行为(涉及不对称/不完全信息)。Vickrey 的研究结果表明，在一般情况下，卖家可以预期相同的金额所获得的结果。1981 年，芝加哥大学的博弈理论家罗杰・迈尔森(Roger Myerson)扩大了 Vickrey 的研究结果，认为所有的拍卖都可以得到一样的预计收入，只要他们将该项目授予最重要的投标人，并提供了投标人最少的支付值。拍卖模型为设计进一步的资源配置模型提供了正式的基础拍卖机制。

(3)市场缺陷：不完全竞争模式。市场缺陷展示了在不完善的竞争环境下，如何引领经济资源达到非最优分配的状态。因此，从表面上看，市场缺陷并不是适合设计资源分配机制的。但是，本处引用它可以帮助分析资源分配模型在更现实市场环境中的功用。一些重要的不完全竞争模式如下：

①卖家垄断：该商品只有一个卖家模型。

②卖家寡头垄断：在模型中有一个以上的一揽子卖方的项目。

③买家垄断：一个物品只有一个买家模型。

④买家寡头垄断：该模型有一个以上的一揽子买家的项目。

在这种模式中，经济行为者不是价格接受者，而且战略行为(通过博弈理论分析)导致帕累托最优非均衡。市场的另一个重要缺陷体现在公共(普通)商品上。这种战略行为的商品通常导致资源使用效率低下。

(4)合作博弈游戏。在经典(非合作)博弈理论中，博弈玩家通过选择策略，以最大化他们的效用。在合作博弈理论中，选择最大化总和的策略符合联盟的博弈者的回报，同时，以每个方式分配所获得的公用收益至少等于他们没有得到的收益总和。

### 6.2.4 应用

前面内容已经提出了一些运用于计算资源分配的机制和模式：计算领域的算

法。大部分的资源分配计算模型是基于“分布式域”而提出的，但是还有其他的一些计算模型是基于“集中程序”进行计算。在本节中，将介绍一些代表性的基于“集中程序”的计算应用，并侧重归纳那些与前面内容重点关注用过的经济原则有关的计算法。

下面将介绍一些有代表性的受经济原则启发产生的计算模式。

(1)分配式文件模式。分配式文件模式是一种在互联网存储设备中计算资源贡献率的网络计算模式。该模式目标是尽量减少由于通信成本和流程访问的原因所导致的资源文件时间延迟。Kurose&Simha(2000)研究了资源文件分配问题。在Kurose&Simha的这项工作中，代理实用程序被定义为C，其中C是与节点相关联的传输成本，代理人报告他们的边际效用(设定一定的存储量)及其衍生品给拍卖人，并结合使用Newton-Raphson(1998)的算法来重新计算资源分配率，其算法以资源分配达到“平衡”终止，在这种“平衡”点上，所有代理人的边际效用是一样的(这意味着实现了资源最优分配)。该过程导致资源最佳分配，Kurose&Simha(2000)将其表述为“具有计算效率”。Kalson(2004)结合以上的研究认为，即使文件分配模式使用受微观经济学启发的想法，但是这种算法过度依赖于代理策略，而代理策略的实际表征型不强。因此，为了使文件分配模式更加以市场为导向，精益求精，Kalson(2004)提出依赖于货币机制的算法改进，于是，Kalson(2004)归纳提出了另一个文件分配应用模式，这是基于Mungi程序的一种单一地址空间操作系统，即所有的计算进程是在系统中的虚拟地址空间集合，在这个集合里，所有计算节点相同。该地址空间包含了所有的数据，包括“即时数据”以及“持续性数据”。在这个模型中，用户通过他们的存储消费和租金支付作为货币机制发挥作用。此外，每个用户都被定义为支付一定比例的固定收入用于支付存款。

(2)分布式处理模式。该模式是一种将资源分配任务赋予“分布式处理节点”处理的一种算法。这种算法指出资源分配任务应以最小化的任务处理时间为顺序进行分配。分布式处理模式的孵化器系统(hatch system)基于异构复合分布式网络中的源，它支持并开发计算处理工作站，并通过货币资金机制进行资源分配任务的优先处理。在这个系统中，任务分布处理模式具体通过“拍卖bid”模式实现。孵化器拍卖是一种全密封式的投标价格(Enclosed Bid)，根据这种投标价格，用户创建资源分配任务时，是根据资金融资策略来进行的。Tycoon(2005)提出了按分布式市场来进行分布式处理的模式，其中的驱动管理主机是本地的计算源。用户代理向这些拍卖人发送单独的出价，其中每个出价是在该主机的单一类型的资源。出价必须是一种连续出价：它们保持有效直到用户的局部平衡发生变化。通过资源分配给用户与投标比例计算，代理商负责优化用户的实用性，用户使用由系统管理员进行分配，管理员控制用户的有限信用预算。Yo(2016)在 Tycoon(2005)的基础上结合增强 MOSIX 程序，提出 MOSIX 计算集群分布式处理模式，在该计算集群中，MOSIX 机器之间必须签名，使得一个基于成本利用的功能对应每台机器分布。在集群中，具有较高利用率的机器会有更高的成本，并且成本功能可以整合在一起，这种算法实际上是考虑了各种资源(CPU 和内存)将任务分配给设定机器的边际成本，通过工作成本增加的数额分配计算资源效率的一种经济学机会成本在计算机领域算法的思想体现。分配以最小化的方式将作业分配给机器边际成本(任务分配给机器边际机会成本最低)。

## 6.3 基于全要素生产率外贸“供给侧结构性改革”驱动优化资源配置发展路径实证研究

“供给侧结构性改革”是当前我国经济改革的一个重点，外贸领域也亟须进行供给侧结构性改革。因此，本节基于全要素生产率与区域外贸经济增长的作用机理，对影响广东省外贸“供给侧结构性改革”的内外部路径因素进行实证研究，以此提出广东省外贸经济转型升级的对策与建议。

本节采用 2010—2015 年广东省面板数据进行分析，通过建构面板实证模型实证分析广东省提高全要素生产率促进区域外贸经济发展的路径。解释变量的数据，主要来自广东省官方统计局以及广东省 2010—2015 年统计年鉴。

### 6.3.1 模型建构

在现有国外相关文献研究中，Chou(2009)通过建构增加金融部门在内的内生经济增长模型，实证研究金融创新与经济增长的关系；Andrew(1997)通过建构增加出口在内的内生经济增长模型，实证研究区域出口量与区域经济增长的关系。本节参考并在前人研究的基础上，建构模型如下：

$$\ln X_t = \sum_{q_0=1}^{q_0} \partial \ln X_{t-q_0} + \sum_{q_1=1}^{q_1} \gamma \ln T_{t-q_1} + \sum_{q_2=1}^{q_2} \alpha \ln R_{t-q_2} + \phi + \phi_t \tag{6-5}$$

式(6-5)中，$t=1, 2, \cdots$，代表从 2010—2015 年的各个年度；$\phi$ 为横截面数据，$\phi_t$ 为随机干扰项；$q_0$，$q_1$，$q_2$，…代表对应变量的滞后阶数；$X$ 代表全要素生产率；$\partial$ 代表全要素生产率前期对当期的作用度；$\alpha$、$\gamma$ 代表变量对当期 $X$ 的影响大小；$T$ 代表国际贸易量因素；$R$ 代表知识资本研发投入因素。

### 6.3.2 研究变量的设定

(1)被解释变量的设定与说明。全要素生产率 $X$，从西方经济学角度来理解，指的是在一定时期内，一国或区域的国民经济中，其产出与各种资源要素的总投入的比值。全要素生产率(TFP)是用以衡量该国或该区域在特定时期内生产效率的一个重要指标。现有文献中，绝大多数全要素生产率 $X$ 测算采用 Malmquist-DEA 算法，该算法是一种基于数据包络分析的 Malmquist 指数法。由于 Malmquist-DEA 算法测算出来的生产率指数是一个变化指数，是与前一年的动态比较值，也就是 $t$ 年对 $t-1$ 年的增长率。那么，这个相对值在长期分析中会显得不够合理。因此，在长期均衡关系的研究中，引入 TFP 的水平值比较具有说服力。再加之，本节研究 TFP 更多的是为了识别我国经济增长模式，鉴定我国经济所处阶段主要是依靠要素投入拉动增长，还是依靠效率改善、技术进步来驱动增长，确定经济增长是否具有良好的可持续性。因此，本节引用赵文军等(2014)研究中的 TFP 贡献率的水平值，并以此作为本节研究的被解释变量。①

(2)解释变量的设定。本书的解释变量主要可以分为两大类：一类是国际贸易发展状况，发挥着外部路径作用；另一类是知识资本的配置效率，发挥着内部路径作用。鉴于数据的可获得性与典型性，本节主要采用广东省的进出口贸易总量来衡量广东省的国际贸易发展状况；而作为内部路径的资源配置效率，主要以知识资本的投资力度进行衡量。其中，对知识资本的投资力度主要以广东省研发经费作为衡量标准。

(3)实证分析方法。本节通过对面板数据进行动态分析，研究实证方法借鉴 Arellano-Bond(1991)提出的 System GMM(广义系统矩估计法)，按照 David Roodman (2006)的方法，借用计量软件 Stata 来进行回归操作。本节对工具变量限定为最多使用滞后二阶以解决可能存在的工具变量过多的问题。为保证本节模型实证结果的效度和信度，本节采用了 Sargan 检验来对工具变量的效度和信度进行判断。

### 6.3.3 实证结果与分析

本节使用 Stata 13.0 进行实证分析。为了确保实证结果效度和避免出现“伪回归”现象，首先，本节对面板数据的各个变量进行了单位根检验。对面板数据而言，为了确保检验的效度和信度，本书对异根、同根两种情况分别采用 LLC 法和

① 赵文军，陈勇，赵登峰．全要素生产率、人民币汇率与中国贸易收支——基于跨期最优选择理论的实证研究[J]. 财经研究，2011(11)：124-134.

ADF-Fisher 法进行检验。检验结果如表 6-3 所示。

**表 6-3　面板数据的单位根检验结果**

| 变量 | LLC 检验 | ADF-Fisher 检验 |
|---|---|---|
| $X$ | −3.250 54***(T，0) | 9.988 44***(A，0) |
| $T$ | −3.602 14***(T，0) | 7.256 66***(A，0) |
| $R$ | −4.905 31***(N，0) | 10.955 6***(A，0) |

注：***表示 1%水平上显著，括号里的 A 表示单位根检验时含有漂移项，N 表示单位根检验时既不含漂移项也不含趋势项，T 表示单位根检验时含有趋势项，括号里的 0 为差分阶数

根据表 6-3 的面板数据的单位根检验结果，广东省的被解释变量——全要素生产率 $X$、解释变量——贸易总量 $T$、研发费用 $R$ 都属于零阶平稳序列。

本节采用了 Sargan 检验来对工具变量的效度和信度进行判断。通过对面板数据进行动态分析，研究实证方法借鉴 Arellano-Bond(1991)提出的 System GMM，按照 David Roodman(2006)的方法，借用计量软件 Stata 来进行回归操作，得出动态实证面板数据分析结果，如表 6-4 所示。

**表 6-4　动态实证面板数据分析结果(被解释变量：ln$X$)**

| 解释变量 | 实证结果 |
|---|---|
| ln$X$(−1) | 0.599***(16.99) |
| ln$T$ | 0.422***(13.66) |
| ln$T$(−1) | −0.459***(−9.01) |
| ln$R$ | 0.200***(5.00) |
| ln$R$(−1) | 0.127***(16.99) |
| 常数项 | −1.994***(−5.99) |
| Sargan 检验 | 24.983 55 [0.894 0] |
| AR(1) | −2.990 7 [0.001 5] |
| AR(2) | −1.600 1 [0.110 9] |

注：***，**分别表示在 99%、95%水平上显著；表格中的圆括号内的数字为回归估计系数，相对应 $z$ 值；方括号内的数字为检验统计量值，相对应 $P$ 值

根据表 6-4 可知，Sargan 检验统计量与 AR(1)和 AR(2)统计量都接受原假设，证明本节所采用的估计方法具有较高的效度和信度。

从动态实证面板数据分析结果来看，实证数据验证了本节所提的研究假设，实证的结果主要如下：

(1)全要素生产率具有一定的累积效应特征。从表 6-4 实证结果可见，滞后一

期的全要素生产率 $X$ 对当期 $X$ 水平产生正向促进作用，且作用效果显著。这一点证明，从长期考虑，全要素生产率 $X$ 的提升是一个不断循环的过程，而且这种全要素生产率自身的累积效应对广东省的外贸经济的可持续增长起促进作用，有利于广东省的外贸经济升级转型。

(2)贸易总量 $T$ 作为外部路径，当期的贸易总量 $T$ 可以显著促进全要素生产率 $X$ 的提升，而滞后一期的贸易总量 $T$ 对全要素生产率 $X$ 存在负向抑制作用。因此，从短期来看，虽然对外贸易可以引进国外的先进科学技术等促使短期内全要素生产率 $X$ 得以迅速提升，但从长期考虑，这一做法会形成对国外技术引进的一种路径依赖，使得广东省许多外贸企业缺乏有效自主创新的激励，而被锁定在全球价值链的低端，从而会阻碍全要素生产率 $X$ 的提升。可见，长期以来的这种粗放式和外延式的增长模式无法对区域经济持续发展发挥实质性的根本推动作用。

(3)资源配置作为一种内部路径对知识资本和信息的投资，不管是长期还是短期，都能促进全要素生产率 $X$ 的提高。实证结果显示，当期的研发投入 $R$ 和滞后一期的研发投入 $R$ 都能显著有效地驱动全要素生产率 $X$ 的上升。可见，调动企业研发活动的主动性和积极性，加大企业研发投入，可以全面促进全要素生产率的提高，有利于经济增长模式的改进和区域经济升级转型。

### 6.3.4　对策与建议

能否顺利推进广东省的外贸经济转型升级和可持续发展，其关键就在于能否采取有效对策推行外贸供给侧结构性改革。外贸供给侧结构性改革的根本要求就是通过采取一定的改革措施，对外贸领域的供给侧进行结构性调整。根据以上实证结论，在供给侧结构性改革视域下，如何具体通过提高广东省的区域全要素生产率，转变广东省的外贸经济增长方式，促进外贸升级转型，本节给出以下政策建议：

**1. 转变经济增长方式，重视全要素生产率的作用**

广东省不仅要重视区域的经济增长速度，更要注重经济增长的质量。衡量区域经济增长质量的高低以及评判外贸升级转型成功与否的一个关键指标便是全要素生产率。只有一个区域经济体的全要素生产率特别是其贡献率在不断提升时，该区域经济体的发展才处于健康可持续的发展模式。本节的研究表明，全要素生产率具有一定的累积效应特征，即全要素生产率是可以实现自我推动的，从而达到对经济转型发展的良性循环促进作用。所以转变广东省的外贸经济增长方式，促进外贸升级转型，就必须持续提高全要素生产率及其对区域经济增长的贡献率。全要素生产率的提高，归根结底就是技术进步引致的一种技术效率的全面改进，因此，通过大力推动技术创新与进步，可以从根本上促使区域经济的发展方式从粗放外延式向集约内源式转变，在技术创新驱动中实现技术进步对外贸转型发展的促进作用。

**2. 改进贸易增长模式，立足贸易质量提升**

随着国际分工的深入发展，全球价值链无疑已成为当今世界国际贸易的一个重要特征。广东省外贸企业仍处于全球价值链的中低端，面临向“微笑曲线”高端转变的现实挑战与机遇。本节实证结果显示，广东省的进出口贸易在短期内虽然可以通过外贸的“学习效应”“溢出效应”“干中学”“规模效应”等提升全要素生产率；但从长期来看，也面临“微笑曲线”被低端锁定的现实风险，从而阻碍广东省全要素生产率的增长。广东省的外贸跟随企业如果只是长期通过加入跨国领先公司所主导的全球生产价值链来参与当前的国际贸易，那么长此以往会被锁定在“微笑曲线”的低附加值(加工制造)环节，而相反，跨国领先公司更专注地进行研发创新等高附加值活动不断巩固自己的优势和地位。因此，广东省的外贸企业应重点改进贸易增长模式，立足贸易质量提升，通过不断提升广东省的全要素生产率确保广东省的外贸企业在全球价值链中稳步升级，促进外贸经济的转型升级与发展。

**3. 坚持研发投入，发展高端产品供给的外贸经济**

内生经济增长理论指出，技术进步是经济持续增长的永动机，这也成为广东省实现外贸经济转型的一个重要理论依据。技术进步离不开大量的研发投入。本节的实证研究充分表明，当期的研发投入 $R$ 和滞后一期的研发投入 $R$ 都能显著有效地驱动全要素生产率 $X$ 的上升。因此，应该坚持研发投入，发展创新驱动的外贸经济，提高自主研发能力，推动经济持续增长。一方面，增强广东省外贸企业的技术研发力度以及技术消化吸收能力，在广东省区域内部，推进广东省高新技术产业园区的建设与交流，在广东省形成良好的区域研发氛围。另一方面，提倡并培育工匠精神。外贸转型发展的一个重要方向，就是要在具备传统比较优势的产品领域，依托品质提升和精致化，将传统产业精细化，做深做透。从当前的供求关系上看，外贸转型发展面临的不是简单的产品过剩问题，而是产品的结构性失衡问题，即低端产品的供给远远超过其需求，而高端产品的供给明显缺乏。外贸供给侧结构性改革就是通过占据高端市场来为外贸的平稳发展打下坚实的基础。

## 6.4 优化人力资源配置路径实证研究

当前我国已步入经济发展新常态阶段，为了维持经济的长期稳定和健康可持续发展，在适度扩大总需求的同时，着力在全国各领域全面推进供给侧结构性改革是增强经济创新驱动力的一个国家战略层面的关键举措。在全国各领域全面推进供给侧结构性改革的大背景下，高等教育供给侧结构性改革已经成为教育界研究的焦点。高等教育供给侧结构性改革的供给侧作为治理高等教育问题的源头，其面临的最关键的因素和最突出的问题就是：培养什么人以及怎样培养人。高等教育供给侧结构性改革的供给侧是指高等教育政策、制度，高等教育资源、产品和服务的供给方，其主体一般包括政府、高等教育管理者、高等院校以及高等院校内从事教学科研工作的高等院校教师。相对而言，消费高等院校教育产品、接受高等教育服务的一端就是高等教育需求侧，高等教育需求侧涉及两类主体：一类是教育领域中的学生和家长，另一类则是人才市场中的社会、市场用人单位。[①] 解决高等教育供给不足的有效路径在于同时提高高等教育供给的准确性和有效性，并针对导致教育有效供给不足或/和短缺的薄弱环节进行相关拟补，其中高等教育供给的创新性是最关键的驱动力。

### 6.4.1　研究设计

**1. 理论框架**

本研究的理论框架是教育收益率(Rates of Education Benefits，REB)理论。教育收益指的是个人通过接受一定的教育而给自身以及整个社会所带来的好处，其内涵在于教育可以改善个人的物质和精神福利，同时，长期而言，教育可以增进整个社会群体的经济与非经济福利。教育收益率指的是在一定时期内，一个个体或一个社会群体因自身或其内在成员的接受教育的数量和质量的提高而相应获得未来物质报酬回报的一种测量方式。对教育收益率的估算不仅是教育经济学研究的重要内容，同时也是劳动经济学和收入分配理论研究一直以来所关注的热点话题。学术界对 REB 的估算一般是通过采用抽样调查的方式，以获得研究变量的相关数据和信息，再将数据输入计量经济模型，从而完成对 REB 的测量。对 REB 的全面把握是科学量化评价教育资源使用效率的一种有效手段，也是全面探索经济与教育关系的一个前提条件。

**2. 估计方法**

教育收益率的基本估计方法是 MTB 方程法。基于人力资本理论，现代劳动经济学创始人 Jacob Mincer 最早提出了 MTB 方程法，运用于估计教育收益率，MTB 方程法表达的是受教育者多接受一年的教育与其当年的教育所增加的货币收

① 李奕．教育改革，“供给侧”是关键[N]．人民日报，2016-01-14．

入之间的一种因果关系。MTB 方程法的自变量是研究对象的受教育的年限以及相关的工作经验，因变量是研究对象的经济收入。基于人力资本理论，Jacob Mincer 对 MTB 方程法进行扩展，将其他的人力资本因素也加入进来，作为其他的影响变量来考虑。从广义上来说，MTB 方程法可以通过增加变量进行扩展，主要是通过分析不同的影响因素来扩展研究收入的 MTB 方程法，基于这个特点，本节研究根据实际研究需要，在 MTB 方程法中加入对收入有影响的其他变量，如受调查者的创新课程、创新实践以及创新氛围等变量。

MTB 收入方程的基本公式：

$$\ln Y=\alpha+\beta Ey+\delta Ep+\gamma Ep^2+\phi \tag{6-6}$$

式中，$Y$ 代表受教育者的个人经济收入，取对数 ln 形式；$Ey$ 代表受教育者接受教育的年限；$Ep$ 代表受教育者的相关工作经验；残差以 $\phi$ 表示；$\beta$ 代表每增加一学年单位的教育对受教育者的经济收入的影响。因此，通过对模型进行回归便可以得到教育收益率 REB。

**3. 调查地区和研究对象**

为了对不同省份之间经济收入所产生的差异性进行有效控制，本调查问卷研究选择广东省的各个城市和地区进行随机问卷调查。研究对象为受高等教育者，具体来说是各行业的受高等教育人群。为了能全面覆盖各个社会个体，本节采用互联网平台的问卷方式，因为受高等教育人群是互联网用户的主体，所以在普遍性、接受性和可行性上更为高效。本研究通过借助互联网问卷调查网站进行电子问卷调查。此次电子问卷共投放 1 000 份，98%的调查对象通过移动手机作答，问卷收集时间为 2017 年 1 月到 3 月，获得有效电子问卷 821 份，有效回收率为 82.1%。本电子问卷内容共设计 20 道题，其中单项选择题 10 道，多项选择题 4 道，填空题 4 道，矩阵量表题 2 道。调查信息包括受访者个人信息，如性别、年龄、工作、所学专业、受教育程度以及工作所在专业类别等。为了更准确地计算出受访者的创新教育程度，调查信息还增加了“创新教育”项，以受访者的受教育期间的创新课程、受教育期间的创新实践、受教育期间的创新氛围等作为维度。

**4. 问卷数据处理**

在问卷调查过程中，由于受访对象和调查者自身的原因，样本选择会出现一定的偏差。本书使用 Heckman 的 Selection 模型来解决这种偏差问题①，通过构建能够预测个体选择参与市场工作的概率模型并且将这个工作概率的模型和工资收

---

① Heckman J. J. Sample selection bias as a specification errors [J]. Econometrica, 1979, 47(1): 153-161.

入方程模型进行叠加，可以确保计算出的受教育年限和受教育者经济收入的关系的效度和信度，从而有效解决接受自我选择偏差的问题。对于数据的异质性问题，本节通过采取 Non-parametric 回归方法和 Multilevel 模型方法对那些来自不同单位和/或层级的异质性样本数据进行相应合理的处理，可以确保计算出的受教育年限和受教育者经济收入的关系的效度和信度①。本节采用计量统计应用 Stata 12.0 对电子问卷数据进行分析，同时由于部分调查变量没有数字化，所以为了计算分析的方便，将部分变量如“创新教育”项进行编码赋值处理，方便量化和计算分析。

### 6.4.2　计量模型构建

在问卷调查中，根据创新的维度，将创新教育划分为三个具体维度：创新课程、创新实践以及创新氛围，然后将其按照顺序赋值为 0~10，为了能够更好地了解这三个具体维度因素对教育收益率的影响，基于 MTB 收入方程的基本公式(6-6)，本节将受调查者的创新课程、创新实践以及创新氛围作为三个独立解释变量，分别用字母 IC(Innovation Course )、IP(Innovation Practice) 以及 IA(Innovation Atmosphere)表示，代入公式(6-6)分别得出式(6-7)、式(6-8)和式(6-9)：

$$\ln Y=\alpha+\beta Ey+\delta Ep+\gamma Ep^2+\mathrm{IC}+\phi \quad (6\text{-}7)$$

$$\ln Y=\alpha+\beta Ey+\delta Ep+\gamma Ep^2+\mathrm{IP}+\phi \quad (6\text{-}8)$$

$$\ln Y=\alpha+\beta Ey+\delta Ep+\gamma Ep^2+\mathrm{IA}+\phi \quad (6\text{-}9)$$

应用 Stata 12.0 对模型进行回归分析得到结果如表 6-5 所示。

**表 6-5　各模型回归分析结果**

| 模型 | 模型 1 | 模型 2 | 模型 3 | 模型 4 |
|---|---|---|---|---|
| 受教育年限 | 0.087 6*** <br> (0.011 2) | 0.067 23*** <br> (0.011 2) | 0.064 2*** <br> (0.011 1) | 0.079 6*** <br> (0.011 8) |
| 创新课程 | 0.087 2*** <br> (0.011 2) | 0.094 6*** <br> (0.027 22) | 0.087 8*** <br> (0.025 91) | 0.075 1*** <br> (0.026 8) |
| 创新实践 | 0.088 6*** <br> (0.011 2) | 0.0 945*** <br> (0.02 732) | 0.185 8*** <br> (0.043 2) | 0.206 1*** <br> (0.042 0) |
| 创新氛围 | 0.089 7*** <br> (0.011 2) | 0.098 9*** <br> (0.027 25) | 0.185 2*** <br> (0.048 2) | 0.217 1*** <br> (0.043 0) |

① 李雪松，詹姆斯，赫克曼．选择偏差，比较优势与教育的异质性回报：基于中国微观数据的实证研究[J]．经济研究，2004(4)：93-95.

续表

| 模型 | 模型 1 | 模型 2 | 模型 3 | 模型 4 |
|---|---|---|---|---|
| $N$ | 821 | 821 | 821 | 821 |
| $R^2$ | 0.414 8 | 0.396 7 | 0.482 8 | 0.500 2 |
| $F$ | 87.96 | 80.90 | 85.90 | 91.12 |
| 注：*、**、***分别表示在 10%、5%、1%水平显著 | | | | |

将模型继续扩张，将受教育者在高校期间所接受的创新课程、创新实践以及创新氛围分别和受教育年限的交互项加入，通过回归，并与模型 1 进行对比，可以得出创新教育与高等教育阶段教育收益率关系，如表 6-6 所示。

**表 6-6　创新教育与高等教育阶段教育收益率关系**

| 变量 | 系数 | 标准误差 | $T$ | $P>t$ | $N$ | $R^2$ | $F$ |
|---|---|---|---|---|---|---|---|
| 教育年限(模型 1) | 0.087 6*** | 0.011 1 | 7.97 | 0 | 821 | 0.414 8 | 87.96 |
| 创新课程 | 0.152 6*** | 0.024 3 | 7.07 | 0 | 821 | 0.426 7 | 80.90 |
| 创新实践 | 0.262 8*** | 0.024 4 | 7.08 | 0 | 821 | 0.437 7 | 85.90 |
| 创新氛围 | 0.392 6*** | 0.024 5 | 7.10 | 0 | 821 | 0.456 7 | 91.12 |
| 注：*、**、***分别表示在 10%、5%、1%水平显著 | | | | | | | |

由表 6-6 可知，受教育者在高校期间所接受的创新课程每上升一个档次，受教育者的经济收入可增加 15.26%，这说明高校期间所接受的创新课程水平对受教育者的教育收益率有着重要的显著正向影响；高校期间所接受的创新实践每上升一个档次，受教育者的经济收入可增加 26.28%，这说明高校期间所接受的创新实践水平对受教育者的教育收益率有着较为重要的显著正向影响；高校期间所接受的创新氛围每上升一个档次，受教育者的经济收入可增加 39.26%，这说明高校期间所接受的创新氛围水平对受教育者的教育收益率有着更为重要的显著强正向影响。数据显示，高校期间所接受的创新氛围水平是创新教育对个人的教育收益率影响最显著的因素，其相关系数达到 39.26%，比高校期间所接受的创新实践水平(26.28%)和高校期间所接受的创新课程水平(15.26%)要高出 13% ～24%。相对而言，创新实践因素对个人的教育收益率影响也明显要比创新课程水平高。综上所述，创新教育对个人的教育收益率起着很强的积极作用，高校期间所接受的创新氛围水平是创新教育对个人的教育收益率影响最显著的因素。

### 6.4.3　实证分析和讨论

从以上的实证结果可见，高校期间所接受的创新氛围在创新教育三个因素中对个人的教育收益率起着最强的积极作用，可见创新氛围可以通过创新意识的二元效应，通过创新实践和课程教育合力激发高校学生的创新潜在能力，使得面向社会的人才具备相应的开拓创新精神和科技创新能力，达到提高促进个人的教育收益率的效果。高校期间所接受的创新氛围与个人的教育收益率的正相关关系证实了个人在高校期间所接受的团队创新气氛对日后步入社会服务所获得经济收益绩效具有深远而显著的影响。实际上，创新氛围可以通过创新支持和任务导向促使创新教育的内在各个因素共同影响个人的教育收益率。这一结论与 Johns(2016) 得出的创新氛围是滋养和培育创新的核心基础的结论是一致的，同时也实证了 Anderson(1998) 得出的创新氛围是强调创新价值观的一种范式表征的说法。从某种意义上讲，创新氛围是创新课程和创新实践的真正根本和“催化剂”，创新氛围通过直接影响高校学生在校期间的创新精神培养和创新意志的塑造，长期迁移影响受教育者日后步入社会服务的“创新行为”，对于提升创新角色绩效、创新群体或创新组织绩效，以及受教育者在工作角色、群体或者组织内有目的的新思想的创造、引入与实施都起到显著的正迁移作用。这也实证了 Chesbrough(2015)所发现的团队创新气氛作为直接变量对员工创新行为产生影响的结论。

从创新经济学所提出的创新生命周期动态性来看，受教育者个人的教育收益率的绩效一般经历初期、发展期和成熟期三个阶段。由于创新教育的发展阶段不同，在不同发展阶段具备的资源和能力具有差异。在创新教育发展的初期，由于受创新资源的限制，其体现主要在于受教育者接受的创新课程，受教育者基本停留在理论上对创新的知识认知，尚未形成自己的真正创新意识；而在发展期，其体现主要在于受教育者接受的创新实践，随着创新资源的稳步增长，这时创新教育更关注内部的高校学生将所学创新知识实际转化为创新实践能力，通过创新实践形成受教育者自己的真正创新意识；到了成熟期，其体现主要在于受教育者接受的创新氛围的形成，随着组织结构、工作任务设置等内部组织的创新氛围趋于稳定，受教育者同时积极关注组织外部的创新变化。因此，随着创新氛围的维度结构不断形成，创新氛围构建最终得以实现。

### 6.4.4　结论与建议

**1. 结论**

本节围绕创新教育因素如何影响高等教育阶段教育收益率这一基本研究命题，综合运用人力资本理论和创新经济学理论进行研究，通过大样本统计研究等一系列研究方法及计量模型构建，结合定性、定量分析，逐层深入展开论述，基于以上的论证分析，形成了如下主要研究结论：

第一，高校期间所接受的创新氛围在创新教育三个因素中对个人的教育收益率起着最强的积极作用。创新氛围通过创新意识的二元效应，通过创新实践和课程教育合力激发高校学生的创新潜在能力，使得面向社会的人才具备相应的开拓创新精神和科技创新能力，达到提高促进个人的教育收益率的效果。

第二，个人在高校期间所接受的团队创新气氛对日后步入社会服务所获得经济收益绩效具有深远而显著影响。创新氛围通过创新支持和任务导向促使创新教育的内在各个因素共同影响个人的教育收益率。

第三，创新教育对个人的教育收益率的绩效呈现出一个动态过程，符合创新经济学所提出的创新生命周期，其影响分别通过初期、发展期和成熟期迁移性地促进创新氛围趋于稳定并形成，最终实现创新氛围构建，达到提高促进个人的教育收益率的效果。

**2. 构建符合供给侧结构性改革要求的创新教育模式的设想**

(1)创新教育的目标。培养应用型高素质创新型人才是高校，特别是应用型本科高校创新教育的一般目标，创新教育的核心问题是“培养什么样的人才”，这一目标与高校的教育全局规划目标是完全一致的。从实证结果可见，创新实践教育比创新课程教育对个人的教育收益率有着更强的积极作用，所以，创新教育的目标必须更注重对高校学生的实践操作技能能力的培养，提高他们的创新实践能力。从实证结果可见，创新氛围在创新教育三个因素中对个人的教育收益率起着最强的积极作用，所以，实现高校创新教育的一般化目标还要着力培养和提高高校学生的创新意识，通过创新实践和课程教育合力激发高校学生的创新潜在能力，使得面向社会的新型高素质人才是具备开拓创新精神和科技创新能力的真正有创新素质的人才。

高校学生通过在高校创新氛围的“熏陶”下所具有的一定的创新能力对他们今后的个人的教育收益率提高也大有裨益。所以，本节把高校创新教育具体细分为三个层次的个性化目标：

第一层次的目标是为社会输送具有合格创新素质的新型人才。这要求将创新教育理念和高校的专业教学有机联系起来，贯穿高校学生的整个教育系统。

第二层次的目标是针对专业的异质性对高校学生进行差异化的创新教育教学实践，为了实现这一层次的目标，应当根据受教育对象的不同专业和特性开展结合专业知识的创新实践能力培养，使得高校学生能够具备自己的专业创新特长。

第三层次的目标是重点孵化部分创新意识和创新精神较高的高校学生。这部分创新精神较高的学生开拓创新意识较为突出，有较强的创新意志力。高校选择那些创新精神强、有一定可行的创新计划的学生，为他们提供重点孵化创新指导，支持他们加入创新活动、积极参加创新项目和比赛，逐渐步入孵化的过程，逐渐实现为社会输送具有合格创新素质的新型人才的目标。

(2)加强创新教育的过程。

①创新课程设置。首先，从实证结果可见，创新课程教育对个人的教育收益率起着较为重要的显著正向影响，所以，从创新课程安排的角度上来说，高校要将创新课程纳入高校学生的专业必修课系列，从而计入学分，这样可以从制度上增强高校学生对创新课程的学习力度，也极大地提高学生对创新课程的学习积极性。其次，从实证结果可见，创新实践教育比创新课程教育对个人的教育收益率起着更强的积极作用，所以，学校还应积极与校外的企业建成“产学研”合作战略关系，为高校学生积极争取能够参与校外的企业的创新 R&D 项目，让高校学生在“产学研”实践中学会如何进行创新项目挑选、创新 R&D 资金融资、创新经营管理等实际的创新能力，让高校学生在“干中学”实践中真正使用、体会和深化学习到的创新知识。最后，从实证结果可见，创新氛围在创新教育三个因素中对个人的教育收益率起着最强的积极作用，所以，在创新氛围的建立上，创新教育应当尊重学生的主体性地位，通过制度、机制等鼓励学生发挥自己的主观能动性，不断开拓创新，在课程学习中勇于创新，敢于提出不一样的想法，在夯实创新理论知识的同时积极参与创新实践活动，从而建构起真正的创新氛围。

②高校创新教育基地的搭建。高校创新教育基地的搭建是实现真正的创新教育的高效路径和平台，从而促进创新和专业知识的相互联系，更加强调创新知识与创新实践的结合，旨在真正实现教学、科研、实践和孵化的一体化。具体可以按照高校创新科技园模式。高校与校外的企业科技园进行合作，使得高校学生有机会到科技园进行观摩、参观和实训，企业科技园可以配备专业人员为高校学生进行创新的讲解和指导，同时为有可行的创新想法，但缺乏资金的高校学生提供一定的创新项目资金支持。在这种创新教育方式之下，能够更好地让高校学生将所学创新知识转化为创新实践能力，把两者结合起来，提升创新气氛。

③培育创新精神，营造创新氛围。高等院校创新精神的培育是营造创新氛围的一个前提，创新精神的培育在于有序推进高等院校创新教育，要求崇尚创新精神、容纳创新尝试的失败以及精准衡量创新绩效。高等院校创新教育的有序推进，要求根本教育的加入。政府通过各种新闻传媒，积极宣扬创新关联的各个方

面，持续打造鼓舞并能忍受创新教育人员自行创新的舆论氛围，从而在宏观层面上构建社会整体创新氛围。在高校教育层面，通过积极提升高校学生创新实践水平及培育创新思想，具体联系有关基础科目，强化高校学生承受创新尝试挫折的能力，培育创新刚强性及创新单独性等良好创新精神，最终实现创新氛围的有效构建。

# 第7章　外贸供给侧改革全球化与区域化价值链升级实现路径

## 7.1　全球化价值链理论

### 7.1.1　背景

对世界上许多人而言，全球经济日益融合为其经济收入的大幅增加提供了机会。事实上，在这个新时代，全球化包括了生产在全球范围内的联系和协调，全球化的部件制造模式已经开放，为发展中国家和地区带来了重要的机遇。对于发展中国家的公民来说，全球经济日益融合包含了潜在的增加利率和全球化范围内的利益承诺，包括工业增长及制造和服务活动的升级。没有经济持续增长，就无法真正解决全球范围内普遍存在的贫穷和不平等现象。因此，发展中国家将全球经济日益一体化作为一个机会，进入经济和工业增长的新纪元，这不仅体现在获得更高收入的可能性提升，同时也提高了可用性质量和提供日益分化的最终产品。

但是与此同时，全球化也带来了国家内部和国家之间日益增长的不平等趋势，许多贫穷国家的贫穷绝对水平越来越高。全球化的这些积极和消极的特征在个人、家庭、企业、城镇、行业和国家等不同的层次均有体现。最近出现的分配格局表明，数十年的全球化同时是具有异质性和复杂度的。

因此，全球一体化亟须全球经济体采用“嵌入式管理模式”，以确保收入没有减少或进一步两极分化。

本节的目的是通过对价值链的研究，为发展中国家或地区有效参与全球经济提供一个对策参考。

### 7.1.2　价值链的基本定义

价值链描述了生产的不同阶段所需的全部活动产品或服务，包括从涉及物理转化和各种生产者的投入的组合服务，到交付给最终消费者，以及使用后的最终处置的整个过程。考虑其一般形式，生产本身只是许多价值链的一种，此外还存在其他具备不同环节内容的价值链活动模式。价值链虽然经常被描绘成垂直的链，但价值链链内的联系通常是双向的。例如，专业设计机构不仅影响生产过程的性质和营销，反过来也受到这些价值链中下游的环节的限制。

### 7.1.3 价值链动因和驱动力分析

价值链分析在这个时代至关重要有三个主要原因：随着劳动分工和全球生产的分散化，系统竞争力变得日益重要；生产效率只是成功渗透的必要条件，全球市场可以实现持续的收入增长；充分发挥全球化的作用需要了解整个价值链中的动态因素。

## 7.2 价值链升级的主要驱动力分析

### 7.2.1 价值链分析工具

价值链分析在最简单的层面上，绘制了流程货物和服务的一种上下连接程序与步骤，以及不同的链条之间相互关系。从这种角度出发考虑，价值链是一个可描述的结构，可以提供一个用于生成数据的启发式框架。然而，价值链理论的最新发展已经开始提供一个分析结构，为人们对价值链上的主体双方的研究提供了重要的新见解和贡献。当前价值链研究与分析的目的是聚焦全球收入分配的决定因素；以及如何通过有效的政策杠杆来改善全球贸易分配不平等的状态。

### 7.2.2 价值链分析的三个关键要素

**1. 入境和出租的障碍**

价值链分析是一种理解回报分配的重要结构，它来自设计、生产、营销、协调和回收。从本质上讲，价值链分析是基于对各个价值链主体的自我保护，其主要回报源于竞争的获利累积。这种竞争活动的能力可以通过“租金”这一概念来理解，因为这类资源都拥有相似的稀缺属性，并涉及各种形式的租金条目。其中，价值链主体的创业精力和宏观政策就是属于所谓的“经济租金”范畴。很多古典经济学家(如里卡多)认为，经济租金是在一定时期对现有稀缺资源(如土地)的所有权/获取或控制权不平等的基础上产生的。但是，如熊彼特所说，稀缺性可以通过目的性进行“行动构建”，因此创造盈余可以拟补创造者的资源缺乏。对于熊彼特来说，其本质上就是企业家会采用什么创新，创造“新组合”或条件，以提供一个产品的价格比要求达到创新的成本更低以获得更大的经济回报。这些创新的回报是一种超级利润的形式体现，也诱惑其他企业家去复制其创新行为，试图获得部分利润。价值链意味着连锁的重复性互动关系。“价值链治理”是一种确保沿着价值链的公司之间相互作用的管理模式，是组织层面的一种反映，而不是简单的随机分配。“价值链治理”确保价值链在产品需求过程和物流资格获得参数时受到一定的严格管理，是一种被设置的具有包含捆绑功能的价值链活动结果。“价值链治理”的结果不一定与各种价值链中的行为者活动达成协调一致。价值链在不同的地方(内部公司，不同企业、区域)进行协调联系以确保这些活动结果。因此，价值链治理的核心就是权力的不对称，也就是说，价值链的关键行为者负责公司间的分工以及特定参与者的能力提升，并升级他们的活动水平。在错综复杂的全球化时代，贸易的复杂化亟须复杂的形式协调，这不仅仅是为了定位(谁被分配了什么角色价值链)和物流(中间投入，包括服务，沿着链条运输)，而且与资源组件的整合有关，包括最终产品的设计，以及这一整合的质量完成标准。价值链协调通常涉及管理等参数，展示了各种要素特定的一系列活动链中的角色。通过连接不同行为者之间的离散活动，建立和管理不同行为者之间的关系，在各种行为者之间组成连接，并组织物流，以保持国家、地区或全球性网络畅通。正是这个角色的协调和识别，动态式促使“租金机会”发挥补充作用并向重要角色分配，反映了价值链治理行为的重要本质内涵。

**2. 不同类型的价值链**

目前，世界正处于全球化和竞争日益激烈的关键转变中，世界贸易也正在从有形活动产生租金转到无形活动产生租金的价值链活动中。这是因为，无形活动越来越多地以知识和技能为基础，并嵌入贸易组织系统。相比之下，特定贸易领域越来越广泛，随着中国进入全球经济一体化加快，无形资产将出现在所有贸易环节和活动阶段，例如，生产阶段的物流控制和概念阶段的广告控制。而且，某些链体现了价值链更加丰富的无形活动，如设计和品牌，以及链本身的协调。因此，从生产者到购买者驱动的链条的转变并非虚幻，并因为出现在竞争周期的关键点上，使得品牌营销在许多贸易价值链条中变得越来越重要。不可否认，链条将会广泛转移到更广泛层面的无形资产领域，正是因为这样，一个链条可以同时出现在购买方和生产驱动方。类似地，特定的产品系列(如玩具或衣服)可以同时有购买者驱动和生产者驱动两条链条。

**3. 价值链创新与产业升级**

嵌入全球经济链有两条路径：其一是无限增长的低点道路路径，即生产者面临激烈的轨迹竞争，并从事“比赛到底”的活动；其二是走高点道路路径，它展现了进入良性循环的企业可以促进全球经济实现持续收入增长的特征。可见，嵌入全球经济链的两条路径差异的关键，就在于一个关键的能力——创新能力，它直接关系到产品和工艺开发的持续改进进程和效率。因此，生产的重点需要放在学习能力上，这对生产部门本身及整体贸易经济利得均产生深远的影响。因此，有必要进行价值链链条升级，促使嵌入全球经济链的路径转向新的价值链，从而确定升级的层次。价值链创新与产业升级的路径就是从进程升级开始的，然后转向产品升级、功能升级，最后实现价值链自身的升级。

## 7.3 区域化产业集群升级与区域外贸竞争力提升的作用机理

### 7.3.1 产业集群升级理论综述

#### 1. 产业集群及其升级

产业集群在市场和企业之间发挥着中介的作用。产业集群具有五个特性：地域根植性、地理邻近性、创新性、专业性以及合作网络化。随着全球化的推进与区域化的深入，产业集群的发展面临着一些问题，如停滞、固化、消退直至消亡。许多学者从产业集群发展面临的固化锁定状态出发进行研究，分析产业集群升级的必要性及其实现途径。岳芳敏(2009)研究发现，发展中国家的产业集群发展遇到的一系列问题归根到底是技术锁定和制度锁定，并指出这两个锁定是产业集群发展到一定阶段后必然出现的瓶颈，其原因是趋同化的产品技术、不断上升的要素资源成本以及产业过度恶性竞争等，得出产业集群升级的必要性结论。马中东(2010)研究指出，分工锁定、市场锁定和制度锁定是产业集群升级所面临的三种锁定固化状态，并提出三条对应途径：通过技术创新路径，嵌入世界价值链的高端环节，从而形成具有区域分工特色的高端产业集群，最终在分工层面上获取优势；通过市场创新路径，大力发展服务业，建设专业化的市场，打破条块分割，最终获得市场优势；通过制度创新路径，改善宏观制度环境和强化服务意识，为培养创新型企业家提供制度条件，最终获得制度层面优势。田依林(2011)研究发现，发展中国家的产业集群发展遇到的一系列问题可以归纳为技术固化、社会网络固化和价值链低端固化三个“固化锁定状态”，从而指出要摆脱这种“固化锁定状态”，必须优化升级产业集群，可以通过建构优质社会网络、提升集群创新能力及公共政策引导等实现。

可见，上述研究都意识到产业集群发展中的固化锁定问题，得出结论都共同指向了产业集群的优化升级及其实现路径。

**2. 产业集群升级的内涵**

产业集群升级的本质属性是产业集群的发展可持续性、产品产业结构的优化、产业集群网络的合理化、产业集群发展资源要素的投入合理配置以及核心竞争优势的建立。产业集群升级的内涵是凭借产业集群所处特定区域的优势，加强区域创新网络建设，通过不断地交互学习和持续创新，形成一定的产业集群区域品牌，并借此嵌入全球价值链高端环节，以获得更高附加值。

### 7.3.2　产业集群创新驱动的基本理论

在经济学界，约瑟夫·熊彼特被认为是最早使用创新概念的学者，他指出，创新活动的内涵就是一种存在于经济体系自身的力量，这种力量不仅可以破坏均衡，而且可以再次恢复均衡，创新活动正是在这种对均衡不断破坏和恢复的循环过程中，推动了经济社会的发展。约瑟夫·熊彼特认为创新就是构建一种新的生产函数，即把一种从来没有过的关于生产要素和生产资源的“新组合”引入生产体系。相应的创新活动就是对“新组合”的执行。这种“新组合”具体可以细分为五个方面：①引入一种新产品或是对产品质量进行改进；②采用一种新的生产或制造方法；③开辟一个新的市场或领域；④获得一种原材料或半成品新的供给来源；⑤实行一种新的企业组织形式。这五个方面分别可以对应归纳为五种创新模式：产品创新、工业创新、模式创新、要素创新和组织创新。约瑟夫·熊彼特的创新理论第一次把发明创造(Invention)和技术创新(Innovation)进行了区分，他指出Invention是知识创造，即新概念、新设想或新工具、新方法的发现，Innovation是新工具、新方法、新渠道的应用，即商业化、市场化和产业化的经济行为。这揭示了创新的本质，即创新不仅是一个技术概念，更是一个经济学的范畴，这种观点被后来研究者认同和发展，进一步指出创新是一个技术概念和经济学概念两者相结合的范畴。美国经济学家E. Mansfield将创新定义为对一项发明的首次实践运用。J. M. Utterback也指出创新与发明的本质区别就在于创新是技术的首次采用或是实际应用。经济合作与发展组织(OECD)在1988年的《科技政策概要》中也把“创新”定义为首次商业化应用发明。

### 7.3.3　创新驱动与产业集群升级关系研究

(1)系统论视角下的创新驱动与产业集群互动机制。基于系统论的视角，国家创新理论、区域创新理论和集群创新理论都分别在不同的层面和程度上，研究并揭示了创新驱动与产业集群的互动机制。其中的宏观学派立足于国家层面，通过研究制度设计和文化习惯，对国家创新系统的属性、架构和功能等进行了深入的考察研究；微观学派从系统组成的要素视角出发，研究各种微观创新主体、参与者和服务中介之间的相互关系。迈克尔·波特把微观机制和宏观运行绩效联系起来，开创了创新理论的综合学派，在经济全球化的大背景下对国家创新系统进行研究。这三个学派都一致认同：一个国家或区域的创新系统是一个相互作用的网络体系，其创新驱动的最终目标是促进资源要素在各个创新主体之间的合理分布与优化配置。

在全球经济区域化发展趋势的深度影响下，产业集群已然成为一个区域发展和创新的主要组织形式，区域创新理论也成为指导一个区域创新的指导性理论工具。区域创新系统是一个区域的创新网络与环境的有效叠加，它具备开放性、系统性、动态化和本地化四个主要特征。创新环境通过外部性和专业化手段大幅度降低了企业的创新成本，创新环境成为集群企业在发展和技术竞争中的一个重要资源要素。集群中的各经济行为主体通过创新环境进行简单的分工合作以及充分的信息交流，参与创新环境的各主体都可以在创新实践中获得好处，并促进创新驱动的实施(Storper，1992)。Peter Swann(1998)将集群的动力机制定义为一种正反馈系统，该体系包括共同作用的一系列因素：产业优势、新企业进入和创新孵化等。

可见，“集群式创新驱动”实际上就是在国家和区域创新体系理论基础上发展起来的、将产业集群聚集效应和创新驱动功用有机结合起来的一个新的技术经济范畴。刘友金(2002)基于中小企业的研究视角，将“集群式创新驱动”定义为一种在专业化分工协作基础之上形成的新的组织形式或创新组合排列，即在某一特定地理领域，属于同一产业或若干相关产业的一系列企业利用空间地理位置的集中性或临近，形成一种创新集聚的效应，通过这一组织形式，集群内企业既可以有效弥补单个企业创新活力不足的缺陷，也可以发挥企业自身的创新优势。魏江(2004)认为，集群式创新驱动系统是指在一定的地理空间内，企业和相关机构以产业集群为基础，按照一定的规制安排所组成的创新网络体系，这种体系促进了知识特别是信息在集群内部的有效生成、存储、移动和运用。集群创新系统一般由三个子系统组成：核心价值子系统、支持价值子系统以及环境价值子系统。其中，核心价值子系统是最为关键的因素，它由终端用户、供应商、竞争企业和合作企业等组成，通过产业价值链、竞争合作、分工协作或其他内部连接形式进行互动。集群创新驱动系统构建了集群内的知识信息流动和知识创新的关联价值系统。

(2)知识外溢视角下的“集群式创新驱动”。基于知识外溢视角，“产业集群式创新驱动”主要从知识传播特性的角度来解释产业集群的创新优势获得。知识外溢理论指出，按照显性程度划分，知识可以细分为编码化的知识和隐含经验类的知识。如果知识的更新速度加快，而相对的编码化知识滞后，就会导致隐含经验类知识占据知识组成的绝大部分而发挥支配作用，而隐含经验类知识必须通过面对面的交流才可以获得。不管是创新知识，还是创新技术，都具备未编码非正式的特点，这决定了创新要素在本地区域内的流动要比远距离的流动更加顺畅、容易与高效。西方经济学家很早就意识到知识外溢对创新驱动的促进功用。马歇尔(1964)指出，一方面，相互接近的企业更容易促使创新技术及其运用被其他的企业所吸收、采纳或同化，另一方面，一个企业的知识和技术积累可以促进邻近区域企业的发展，同时提高其技术水准，可见，聚群效应会促使创新知识和技术在邻近企业之间的传递方面起到正迁移的外部功用。区域内分工和专业化水平越高，知识在产业内部的传递速度越快，越有利于企业的创新和持续发展。越来越多的国内外学者在马歇尔观点的基础上进一步归纳，认为这种聚群效应对创新驱动的正迁移是由于地域邻近、文化背景同化的因素促进，引起创新网络为集群内的创新主体和参与者(如高校、科研院所以及其他的公共服务平台机构)的相互创新学习和创新知识交换提供了更多高效的面对面直接交流机会。仇保兴(1999)分析了技术创新在我国企业集群内部的扩散方式，实证了由此带来的技术创新“集群效应”。

(3)创新驱动产业集群升级的目标。创新驱动产业集群升级的动态目标，是促使产业集群动态竞争力的形成，推动区域经济的可持续发展；创新驱动产业集群升级的静态目标，是促使自主知识产权的形成。这两个目标构架了以自主品牌和核心竞争力为特征的创新驱动式产业集群，这是产业集群的升级和高端化，区分于传统的要素驱动型产业集群以及低成本竞争优势产业集群。肖广岭(2003)指出，创新驱动式产业集群实际上是对国家创新系统的一种继承、发展和微观处理化，是微观层面的国家创新系统。陈海华和陈松(2010)认为，创新驱动式产业集群是产业集群未来的一个重要发展方向，也是产业集群发展的必然高级阶段，是由多个创新主体共同参与创新活动的网络系统。这些创新主体在创新活动中形成了不同程度的战略联盟，既共同协作又相互竞争，推动集群整体由低级向高级、从简单到复杂动态演进。

与传统产业集群相比，创新驱动式产业集群具有几个主要特征：以创新驱动为核心，强调创新主体之间的相互学习和创新知识的顺畅流动，企业之间具有较高的社会信任度、较广泛的生产关联度和较多的竞争合作。创新集群不再以产业链为纽带，而是以价值链和创新链为纽带，其聚集的也不再是以传统资源为代表的生产要素，而是以知识、信息和技术为代表的创新生产要素。这种模式转变促使产业集群不断向全球价值链高端攀升。

### 7.3.4 创新驱动体系框架的一般构成要素

创新驱动体系主要由四个因素构成，即创新主体、创新资源、创新机制和创新环境。这四个因素紧密联系、互相影响，共同构成了创新驱动经济系统发展的一股合力。其中，创新主体发挥着主导性的功用，它对创新资源起到主导配置作用。根据熊彼特的创新理论，创新的本质就是生产要素以及生产条件之间的一种新的排列组合，所以创新驱动属于创新主体对创新资源的一种配置的行为；创新资源是创新主体的作用对象，包括一系列创新来源的资源要素以及它们的组合形式；创新机制主要指的是创新主体配置创新资源的具体机制，起着联系创新主体和创新资源的中介作用；创新环境是保障整个创新经济系统有序运行的条件。可见，创新驱动体系以创新环境为主要依托，在创新机制的激励引导下，创新主体对各种创新资源要素进行新的排列组合促使其配置的进一步优化，不断提升内在系统集成的创新能力，驱动整个经济系统的发展升级，这是创新驱动体系运行和发挥功用的内在作用机理。

**1. 创新主体：创新驱动的行为主体**

创新主体是通过运用、配置和组合创新资源进行研发、创新等活动的一系列组织机构的统称，在创新体系里主要是指政府、企业、高等院校与科研院所、金融服务机构和中介平台等，这些机构分别对应的创新功能是制度创新、技术创新、科学研究、金融创新、服务创新等。创新体系必须通过创新主体的主导性和创造性劳动，才能使资源组合配置得以优化，最终实现创新驱动发展。

创新主体是整个创新驱动体系中最富有活力、最具有能动性以及创造性的因素，不同的创新主体对资源的掌握程度不同。由于各自的社会定位不同导致它们参与创新的动机、方式和重点也存在明显的差异性，所以在创新驱动体系中各个创新主体发挥的创新功能也是各不相同的。其中，直接面向市场和终端客户的企业是技术创新的主体；高校与科研院所由于集聚了大量的社会科研资源和创新高端人才，形成了知识创新的主体和主要源头；政府以国家强制力为后盾，主要通过营造创新环境、制定创新政策，支持创新、引导创新和激励创新，促进各个创新主体之间进行紧密合作，政府是制度创新的主体。创新主体之间存在着协同互动的关系，共同形成了创新网络系统，并一致地促使创新驱动系统可持续发展，从而达成各自利益。创新主体在整个创新驱动体系中以资本、技术、人才、信息、平台、项目等为纽带紧密各方的联系，其最根本的作用是通过知识的创造、扩散、外溢、转化而把创新链联系起来。

**2. 创新资源：创新驱动的物质基础**

创新资源指的是创新驱动经济过程中所投入的一系列要素，这类资源要素是最终实现创新驱动的物质基础。根据熊彼特关于创新是“建立一种新的生产函数，即引入生产要素和生产方式的新组合”的定义，创新的实现离不开创新资源要素的优化组合。历史上各种经济增长理论派别就是按照经济增长决定性要素的不同来进行区分的。按照对资本、技术、人力资本、制度和结构等要素的不同强调程度及各自在经济发展中所起的决定性作用，经济增长理论分别经历了资本决定论、技术决定论、人力资本决定论、制度决定论和结构决定论等不同理论流派。投入创新经济活动的资源可以细分为传统要素和创新要素，既包括传统经济发展理论中的劳动力、资本、自然资源要素，也包括新经济增长理论中的人力资本、知识、信息、科技、制度、结构以及文化要素，如社会资本等高级要素。传统要素具有边际收益递减特征，而创新要素具有非竞争性、非消耗性以及边际收益递增的特点。

**3. 创新机制：创新驱动的动力来源**

广义上的机制是指一个系统的内在组成要素或组分之间相互作用的过程和方式；经济学范畴的机制是指与实现一个经济系统运行相关的一切组织结构、方法、制度、规章、习惯等的体系，是一个经济系统得以实现有效运转的必要制度性保障条件；创新理论范畴的机制是指创新驱动体系的构成要素之间相互作用的一种过程和方式，由相关的机构、方法、规章、制度和习惯等构成。创新机制发挥着中介作用，联系着创新资源和创新主体，也是体现创新驱动本质的关键因素。创新机制通过影响创新主体的决策和行为来影响资源要素的优化配置，达到经济发展的目的。

创新经济系统的创新机制首先是一种市场机制。在完善的市场经济体系中，市场机制体系通过价格机制、供求机制、风险机制等子机制发挥作用。其中，供求状况通过价格信号来反映，通过价格信号对市场主体的经济利益施加影响并引导其决策和相关行为，从而实现资源在市场上的配置和流动。在创新经济活动中，市场机制发挥作用，无论是一般的要素资源，还是创新的要素资源，都通过优化配置流动到创新效率最高、收益最大化的部门或者环节，促使整个经济系统的创新能力的提高和竞争能力的获得。但因为市场机制本身存在着一定的滞后性和盲目性等缺陷，所以“市场失灵”的现象经常出现。另外，由于创新过程中的高收益往往伴随高风险性和不确定性等特点，而创新成果又具有准公共产品特性和外部性，“市场失灵”与“外部性”都需要政府部门发挥相应的宏观调控职能，为创新研发提供公共投入并为创新提供基础设施等公共产品，维护公平竞争的市场秩序，进行制度创新协调集体行动，弥补市场机制在创新驱动中的失灵和缺陷。创新经济系统具有特殊性，由于不同经济系统在结构形式、组织方式等方面的不同，还需要有与系统本身特点相适应的特殊调节机制。

**4. 创新环境：创新驱动的依托保障**

一个创新的经济体系需要外部环境对其进行支撑。创新系统内部的创新主体通过与外部环境进行良性互动，从而实现要素资源之间的交流，这样一来，创新体系就能正常运转。

创新环境一般可以为创新主体提供各方面的综合保障，这些保障主要包括设施、文化、法律、制度等，在保障层面确保创新的顺利高效进行。创新环境是有助于研发创新活动的各种外部条件的统称，可以细分为软件环境和硬件环境。其中，创新硬件环境包括科研基础设施、信息网络基础设施、创新机器设备等从事创新活动所必不可少的基础物质条件；创新软件环境主要包括市场、法律、文化、教育等为创新提供精神激励的因素。

### 7.3.5 创新主体与创新功能

**1. 科技创新**

科技创新指的是将一些技术发明或者科学发现运用到现实的生产体系，从而实现这些发明或发现的市场价值或商业价值的过程。科技创新组成了从社会和市场提炼创新需求到组织科学研究的科技创新环节，是经济发展的强大推动力量，促进了经济系统的创新驱动发展。虽然科技创新的实施主体以企业为主，但这个过程离不开政府提供的环境和制度保障，高校、科研院所提供的知识创新，中介服务机构提供的支持和服务，因此，科技创新企业还必须与这些主体进行深入的互动协同。

科技创新包括紧密联系的两个方面：知识创新和技术创新。其中，知识创新是指高校和科研院所等创新主体通过科学研究等方式获得基础科学和技术科学新知识的过程，这个过程主要涉及一些基础研究、前沿技术研究和社会公益技术研究等。知识创新以追求在某个知识领域的新发现或者新规律为目的，是创立新学说的基础和创造新方法的前提，新知识的积累为不断增进技术创新和制度创新提供条件。技术创新是指在经济发展过程中出现的一系列新产品和新工艺，或是原有的传统产品和工艺发生了一些显著的本质技术变化。

知识创新和技术创新是一个辩证统一的关系体，两者既显著区分又紧密相连，共同统一科技创新过程。一方面，知识创新构成了技术创新的基础和根本来源；另一方面，技术创新是知识创新的进一步拓展和最终目的。从人类活动的角度来看，知识创新与人类的认知活动密切相关，而技术创新与生产实践相关联。从市场角度来看，技术在市场应用的目的性和导向性十分凸显，而知识不具有明显的直接应用性目的。知识创新和技术创新的组合，促进科学发现向前沿技术以及现实生产力的转化，即实现科技创新。

**2. 市场创新**

市场创新，也称为商业模式创新，其本质是对于盈利模式的一种创新，指的是企业通过产品或服务的创新，不断拓展市场以实现盈利的一个创新环节。市场是供求关系的总和，包括市场供给、市场需求和市场关系等市场要素。市场创新的实质就是对市场资源要素进行优化组合，目的是进一步开拓和发展市场。

市场创新和科技创新紧密联系。科技创新实际上是创新成果的供给端，创新成果的需求端需要市场进行创新以开拓新的市场。这就意味着科技创新通过市场创新来实现，科技创新成功的标志和最终目的是市场的成功，即产品创新或工艺创新的成果实现商业化、产业化和市场化。熊彼特的创新理论指出，市场的实现程度是检验科技创新成功与否的一个客观标准。可见，市场创新是科技创新的目标，而科技创新构成了市场创新的必要基础和前提条件。企业进行创新管理应该进行营销和研发的整合，实现科技创新和市场创新的协同。

### 7.3.6　产业集群升级和创新驱动内在辩证联系

**1. 产业集群升级是促进区域和国家竞争力形成的一个关键因素**

从世界经济地理分布的版图来看，产业集群是一种特别的产业组织形式，它是在特定的地域空间基础上所形成的。迈克尔·波特(1998)指出，产业"集群"在地理上指的是在某一特定的领域内的一个聚集体，这个聚集体内部有着彼此之间相互关联的一系列的企业或机构。产业"集群"实际上还包括了一系列的相关联的产业以及其他的与之竞争的相关实体，具体而言，"集群"还涉及聚集体内部如机器设备及维修服务、零配部件、专用基础设施的供应商等微观组分。"集群"这一概念的纵向外延还包括聚集体的下游，包括销售渠道以及终端客户，横向外延扩展包括生产聚集体互补产品的一些制造商，或者是在技术层面上与聚集体相关的实体群。"集群"这一概念广义上还涉及政府、高校、标准化机构、智库、企业协会或商会等提供相关的专业化服务的机构组织，这些组织主要发挥科研、教育培训、信息提供和技术支持等功用。迈克尔·波特的"国家竞争优势理论"明确指出，产业的竞争是一个国家或地区获得竞争优势的关键所在，而产业的发展极大程度上是由该国国内的若干区域所形成的具备一定竞争力的产业集群所决定。

产业集群内部是一个互相连接的系统。聚集体内部通过企业、高校研究所、信息技术服务中介以及政府等公共服务机构之间的互联作用，围绕同一主题和相关产业发展进行空间集聚，进而形成以产业分工与协作为特征的一个社会关系网络。产业集群内部的这种有机结合，不仅促使了分工协作以及竞争合作的形成，也升级成为规模经济，通过规模效应大幅度地降低生产成本和相关的交易成本。在这个过程中，聚集体内部的产业知识积累、技术外溢、信息扩散与应用都相应形成，在知识、技术和信息这三个层面共同提高了产业集群的总体创新能力和效率，内部个体的相应竞争能力也得到提高，使得整体的产业竞争能力在创新的驱动下得以提高与增强。

从动态发展的角度来看，产业集群是一个具备周期性的经济现象，它经历发展、固化、衰化和消失等不同的演化阶段。这些阶段不断通过产业集群的持续推动优化升级，反过来促使产业集群得到进一步的培育和形成可持续发展态势，最终实现动态竞争优势的获得。从动态发展的角度来看，不断持续优化升级产业集群才是一个国家或区域发展的关键和区域竞争优势形成的核心。

因此，为了指导区域制定科学合理的产业集群升级战略和可行对策，克服集群的固化以及衰化，有必要深入研究产业集群的升级作用机理，从而把握产业集群升级的核心本质，这对于研究如何获得以创新为驱动的动态竞争优势，实现集群的可持续发展具有重要的理论指导意义和现实参考价值。

**2. 创新已经成为国家和区域发展的重要驱动力**

当前，技术的创新与应用以及创新资源要素的优化配置，已然成为企业和产业持续健康发展的原动力。创新驱动是当前各国经济社会发展的一个核心驱动力。在美国次贷危机引起的国际金融危机倒逼之下，世界各国和地区为了迎接后危机时代的挑战，纷纷转向创新驱动，并将它提升到国家发展的战略层面与经济持续发展驱动机制的核心位置，相应的许多创新战略和行动计划也一一出台，同时，创新驱动成为世界各国和地区参与国际竞争的一个核心战略。

随着经济全球化的推进和信息技术的迅猛发展，创新要素资源在世界范围内的广泛快速流动和配置促进了全球“双链”的形成：全球产业链和全球创新链。全球“双链”的形成意味着全球创新模式、创新进程和创新战略也随之发生了深刻的变革。目前，创新主体趋向多元化，创新内容不断深化和拓展，创新领域持续地延伸，这三个维度决定了传统的“线性创新范式”逐步向“扁平网络创新范式”过渡，形成了集成创新和协同创新等新模式。

迈克尔·波特的“国家竞争优势理论”明确指出，世界各国和地区谋求的发展驱动力可以划分为三个重要方面：要素驱动、投资驱动和创新驱动，它们对应不同的经济发展模式。因此，研究创新驱动的作用机理，对区域和国家适应创新驱动发展要求具有重要的理论指导意义和现实参考价值。

**3. 产业集群升级和创新驱动内在联系紧密**

产业集群升级与创新驱动有着密切的内在联系，产业集群升级是一个区域或国家竞争力获得的关键因素，而创新驱动是一个区域或国家发展的重要驱动力与核心机制。产业发展方式的升级是集群升级的前置条件，即产业发展模式由要素驱动转变为投资驱动，再由投资驱动转向创新驱动，最终使创新驱动成为产业集群升级的一个核心机制。将产业集群升级与创新驱动结合起来进行深入分析与研究，有着重要的意义。

## 7.4　国际化对创新的影响：过渡经济的外贸企业级证据

国际外贸企业的生产力相对于业务集中于本国的外贸企业的生产力更高，目前，只有较少数的研究探讨了国际化如何对生产力、对外贸企业创新产生影响。项目课题研究组使用倾向得分匹配法，分析国际化对 10 个转型经济体创新的影响。项目课题研究组区分国际化的三种类型：出口、外国直接投资和国际外包。项目课题研究组发现，国际化可以导致更高水平的外贸创新，更具体地说：①国际化出口结果可以导致更多的研发，可以导致创新产品销售额更高，国际专利数量增加；②外向直接投资可以增加研发和国际专利；③国际外包可以导致创新产品销售额达到更高。项目课题研究组提供对国际上异构外贸企业的理论文献的实证支持，本节的贸易理论认为，中等收入国家可以通过提高外贸企业生产力和创新能力从贸易自由化中获益。

### 7.4.1　引言

关于外贸企业异质性的新兴文献，如 Melitz(2003)，提供了在多因素情况下，一个行业的生产性外贸企业如何进入国外市场的情形研究。相比之下，更多的报告提出了新的观点，如 Melitz 和 Constantini(2008)强调，外贸企业可以通过参与出口来影响其生产力水平，而不是将生产力的提取视为外生因素，这些研究突出了外贸企业中决策的重要性，其中管理者可以通过选择升级技术来提高出口公司的生产力。此外，国际化允许外贸企业利用技术溢出和组织学习。几项对个别中等收入国家的实证研究表明，国际化的学习可以提高公司的生产力(De Loecker，2007；Aw 等，2008，2011；Damijan 等，2009)。项目课题研究组通过使用更广泛的多个转型国家的外贸企业数据集组成的各种创新国际化模式进行研究来为这个论题增加文献。Meyer 和 Peng(2005)指出，在某些转型经济体中，外贸企业在组织层面的行为是由社会的快速转型所塑造的，这印证了 Berglöf 等(2010)的研究结论，即外贸企业对开放的反应也有所不同。经过重大改革和经济发展，有些外贸企业只能利用向市场经济转型来获取新的优势。Gelbuda 等(2008)、Estrin(2009)进一步指出，经济遗留效应仍然影响外贸企业的组织规范和做法。项目课题研究组使用这些变化来应对国际各国外贸制度的变迁，隔离国际化对外贸企业生产力和创新的因果关系。Helpman 等(2004)指出，要分析国际化的影响，必须考虑高外贸企业生产力的“自我选择出口”和外国直接投资。这与 Filatotchev 等(2008)的研究结论一致。为了考虑自我选择效应，项目课题研究组使用倾向得分匹配技术来研究比较国内和国际公司。根据多家外贸公司的数据，估计并显示国际活动如何促进加强研发工作、产品创新和增加国际专利。与其他形式的国际化相比，出口效应影响最显著。因此，项目课题研究组支持强调贸易收益重要性的观点，对于来自中等收入国家的外贸企业来说，是通过微观层面的自由化这种途径来提高生产力和获得更强的创新能力的。

### 7.4.2 国际贸易和外贸企业异质性

Melitz(2003)的创新模式彻底改变了国际贸易理论的发展。其核心是观察一个行业内的大多数生产型外贸企业出口商。Melitz(2003)的研究是建立在 20 世纪 90 年代后期的一些实证工作的基础上的，如 Bernard 和 Jensen(1999)；Clerides(1998)；Roberts 和 Tybout(1997)等。Melitz(2003)侧重于研究贸易自由化的影响；然而，公司的理性程度(Rationality)对该模型设置中的异质性产生影响，该影响激发了越来越多的学者对生产力与国际跨国公司战略的理性互动的关注，从而产生了大量有关该主题的研究文献。

这些研究一开始是从 Melitz(2003)的假设出发的，生产力的差异是外生给予的因素，通过从已知的生产力分布中抽取出来。因此，个体外贸企业的生产力水平，实际上是在公司的管理之前，就已经由其国际化所决定的了。只有国际上最有生产力的公司的积极参与，才可以克服与国外市场进入相关的沉没开发成本。Melitz(2003)的这个假设很重要，因为在这个框架上，意味着稳定的状态，从生产力到国际活动的因果关系来看，其中有几个对发达经济体的计量经济学研究为此提供了有力证据，其中有代表性的是 Bernard 和 Jensen(2004)；Bernard 等(2011)；瓦格纳(2007，2011)。然而，简单的初始建模假设只是提取生产力作为外生要素。有学者通过对公司的调查提出修改，认为管理也可以影响生产力。Yeaple(2005)虽然并没有使用 Mclitz(2003)的模型，却研究了一系列"同质性公司"可以进行投资来提高生产力的情况及其如何影响国际化的选择。通过归纳策略研究在生产率受到影响的情况下，反向因果关系如何发挥作用，同时，该研究证明，预期技能和研发投入可以通过增加外贸企业的利润从而获得更高的概率，并在国外市场取得成功。Melitz 和 Constantini(2008)提出了一个外贸企业通过投资升级来提高预期贸易自由化的模式，其生产过程就是通过创新驱动的，原因是预期利润较高的国际化取决于更高的生产力水平。基于相同的逻辑，Bustos(2011)的研究显示，具有中等生产力水平的外贸企业特别喜欢选择投资生产力，因为这些公司处于边缘，最有可能受到贸易自由化打击，于是倾向于选择投资生产力这一进程。

从关于贸易和异质性外贸企业的早期事实和实证文献来看，大部分文献认同生产力导致外贸企业国际化。然而，几乎所有这些研究都专注于发展中的经济体的因果关系，而忽略了其他可能发生的方式。Damijan 等(2009)指出，导致这种现象的主要原因是，创新要素与这些国家的生产率增长相联系并形成其国际竞争的比较优势，导致这些国家在国内生产出现了"知识密集型"导向。Wagner(2011)认为，从事国际贸易的公司是这样做的，因为他们已经在知识密集型生产中具有竞争优势，并采用世界一流的技术在国外竞争。因此，如 Melitz 模型所预测的那样，贸易自由化的影响是将资源重新分配给最有成效(如知识密集型)的公司，促使这种外贸企业更具有生产力。为了调查外贸企业国际化对生产力的潜在溢出效应，有学者转向研究发展中国家和中等收入国家，这一类的研究预测了这些地区的公司如何利用与发达国家的贸易往来进行技术升级，并通过进口知识密集型资本品从中学习合作伙伴的业务实践和能力。在宏观层面上，知识溢出贸易是许多内生增长模式的核心，但最近这些机制才被纳入研究出口影响的论文视角。

这些微观角度的生产力研究主要侧重于展示贸易自由化的(有益的)影响。对于中等收入国家而言，研究发现，更多的贸易会导致这些国家的产品和服务质量升级，并且这种质量升级来自外贸企业内的产品差异化。Pavcnik(2002)在使用智利工厂级面板数据进行研究后得出结论，估计生产力在一段时间内的变化会导致大规模的贸易自由化，并发现外贸工厂的生产力在面临大多数进口竞争的领域时会有所增长，这可归因于贸易自由化。最近的文献也从贸易自由化的制度快速转变的视角来进行研究。Lileeva 和 Trefler(2010)使用加拿大的工厂级数据表明，贸易自由化导致外贸企业投资于产品革新。戈德伯格等(2010)使用来自印度的外贸企业级数据来找到该交易自由化是如何导致国内外贸企业利用新增外国投入的。布斯托斯(2011)研究贸易自由化对阿根廷外贸企业研发工作的影响。其结论表明，关税最低部门的外贸企业的增长率最高。因此，国际贸易机会导致公司间出现不同的资源分配与平衡，最终也促进了创新。Bernard 等人(2011)指出，生产率通过公司的研发投入和人力培训得以提高，从而促进了出口绩效，出口也较高地促进技术转让。此外，Aw(2008)通过研究允许反馈效果的出口生产力，证明出口商更倾向于做出对生产力提升活动和进行补充的外贸企业级投资。Zanfe(2007)通过研究来自意大利近 800 家制造商的数据来探讨出口和外商直接投资对生产力和创新的影响。研究发现，跨境活动是基于创新水平的，并且与更高的生产力相关联。Criscuolo 等(2010)使用英国和重点跨国公司数据为社区创新调查(CIS)资料，他们发现，国外活跃的公司产生更多的创新产出，而且还需要更多的投入用于知识生产。Bloom 等(2011)发现，中国进口的竞争加剧会导致欧洲外贸企业的选择效应，能幸存的外贸企业往往是最有成效的，其在研发、专利化方面倾向于更多创新并升级 IT 技术。对于个别欧盟国家，几项基于西班牙制造商数据的研究表明，国际化与西班牙制造商之间的关系是一种创新式的驱动。Salomon 和 Jin(2010)认为，不管创新能力水平如何，出口都可以提高生产率。Kafouros 等人(2008)指出，国际化提了公司通过创新提高生产力的能力，而 Monreal-Pérez 等人指出，在产品生产过程中不会出现额外的“干中学”式的创新效果。Garciá 等指出，出口提高了生产力水平，对于更大的创意公司而言，收益的规模更大，从外国市场参与的知识转移了吸收能力。对于发展中国家来说，阿米蒂和科宁斯(2007)在使用印度尼西亚的关税改革数据时发现，进口的公司通过学习增加生产力水平来增加产品品种，同时提高产品品质。Blalock 和 Gertler(2004)也进行了分析，其来自印度尼西亚的外贸企业级数据显示，出口商比非出口外贸企业的生产率明显提高了许多。Kasahara 和 Rodrigue(2008)发现，智利进口制造商的外国投入变得更有成效。Van Bieseboeck(2005)使用几个非洲国家的微观数据提出的证据表明，出口导致更高的劳动力和生产力水平，特别是当外贸企业与较发达经济体进行贸易时。可见，专注于中等收入和发展中国家的研究提供了更多的证据表明，国际化导致更高的生产率和创新。

### 7.4.3 匹配外贸企业的证据

当前的一些最新研究已经开始应用“匹配方法”来解决影响国际化的贸易问题。

许多学者使用来自单一发达国家的外贸企业数据，其中在这一领域采用这些技术的第一批研究者以瓦格纳(Wagner)为代表。瓦格纳(2002)使用汇集的东德制造商数据，审查了近 200 家出口初创外贸企业的影响，瓦格纳(2002)解释了匹配的出口公司如何对一个构建的对照组的出口进行影响。瓦格纳(2002)使用公司规模、增值和工资水平来解释自主选择出口参与。基于分析瓦格纳得出结论，开始出口的公司增长更快，但是出口对劳动生产率没有影响。Arnold 和 Hussinger(2005)使用 CIS 数据来匹配德国出口商和非出口商全要素生产率、规模、研发支出、新产品开发和工资水平。在相关研究文献中，Girma 等(2004)根据大小上的差异，选择出口英国公司，使用倾向得分匹配差异法研究出口英国公司的所有权和工资水平，研究发现，开始出口可以提高生产率的增长，但这些影响是相当短暂的，并在国际化一年后消失。Navaretti 和 Castellani(2004)运用意大利公司投资外国外贸企业的类似匹配估计时间。他们发现，外国直接投资增加了生产力和产出增长。Damijan 和 Kostevc(2010)分析了出口与创新之间的顺序。他们使用来自西班牙制造商的外贸企业数据，应用倾向得分匹配技术，并配对首次出口商和第一时间向非出口商和非创新者提供创新者、增值、资本、规模、外资所有权和虚拟部门。结果表明，进口先于创新，但出口与创新之间的排序虽然对中小型外贸企业来说仍然很重要，但力度较弱。公司较高技术梯度，与贸易参与相比，更多地受益于技术落后外贸企业。De Loecker(2007)使用匹配方法来研究国际化对斯洛文尼亚转型经济的影响。De Loecker(2007)研究显示，当考虑到选择效应时，出口会导致更高的生产力水平的生长。Hagemejer 和 Tyrowicz(2012)在最近的一项研究中使用倾向得分匹配评估外国所有权对波兰外贸企业业绩的影响。他们发现，外向直接投资可以提高生产力，但要考虑外国投资者对投资出口波兰的公司的偏好和选择。总体而言，这些研究基于匹配方法找到一些学习出口效应，但也并未达成一致的看法。

### 7.4.4　匹配研究

在研究外贸企业异质性的国际贸易的文献中，文献共同的研究问题是出口选择效果是否明显。早期的论文文献清楚地表明国际活跃的公司生产力更高，但生产力是否会导致公司的生产力提高是一个国际化的问题。Bernard 和 Jensen(1999)及 Clerides 等(1998)利用隔离因果关系来研究生产力差异对国际化的影响。Castellani 和 Zanfei(2007)使用条件 Logit 过程将出口和外贸企业生产力的差异相关联，研究调节推动公司走向国际活动的因素。如 Bernard 等(2011)所述，事实证明，生产力差异提高了公司的国际化程度。由于选择更具生产力的外贸企业出口作为关注点，导致当前的研究的主要问题集中于试图揭示国际化对外贸企业业绩的影响。当前的这些新兴文献以各种方式来研究“贸易行为选择效应”。其中一个典型的常见策略是，通过选择在国际化的变量中所产生差异的事件（如生产力、创新），展开对新的区域贸易自由化协议的研究，之后随着时间的推移，有许多新的论文文献开始观察变量路径的变化，如 Pavcnik（2002）；Verhoogen（2008）；Goldberg 等（2010）；Bustos（2011）等。然而，外贸企业层面的数据收集通常遇到的难题，就是涉及难以进行调查的方法，随着时间的推移，如何追踪个别公司，并进行面板分析过渡数据，同时，由于外贸企业是一个跨经济部门，这意味着项目课题研究组必须遵守外贸企业层面时间进行研究调整。为了克服可能的选择偏见，研究使用匹配技术来提取国际化的因果效应。

具体匹配工作方法：假设在横断面设置中，项目课题研究组提出研究问题：是否具有国际活跃性外贸企业更具创意或根源于创新驱动？为了获得可靠的估计效果，以对外贸企业的国际化进行研究，项目课题研究组必须评估这些效果，以避免数据受到选择效应的影响。在项目课题研究组的例子中，研究组对于两种类型的反面例子事实进行对比。对于国际活跃的公司，项目课题研究组必须比较“同一类型”而不是国际活跃的公司的结果。相比之下，对于国际化不活跃的公司，项目课题研究组必须将它们与同样的公司进行比较，以研究其在生产力方面从事国际贸易的特点。但是之后，如果所有高生产力外贸企业都选择出口，而所有低生产率外贸企业都选择不出口，研究组就无法在横断面数据中找到这样的反事实，从此可以推断国际化对创新的影响结论无偏。为了控制选择效应的影响，项目课题研究组要匹配“相同的类型”，但如果选择减少了，数据集的反事实数量如何达到匹配至少成对的程度，研究借鉴 Rosenbaum 和 Rubin（1983）提出的解决这个问题的办法，即通过引入倾向得分。在项目课题组的研究国际活跃度的情况下，就外贸企业而言，通过使用“估计而不是实际”的国际化对国际活跃公司的反事实，项目课题研究组可以推断出国际活跃外贸企业的国际化因果效应。项目课题研究组使用欧洲复兴开发银行与世界银行集团联合开展的管理、组织与创新调查（MOI）的数据，并结合网络问卷调查。调查是根据网络视频面对面访谈来实现的，针对 2010—2015 年间转型期经济体的经理人访谈平均需要 1 小时左右，答复率达到 85.98%。网络问卷调查是针对有关创新的问题设计的。此外，这项调查还提供了有关信息：外贸企业国际化。更具体地说，提供出口数据、外国直接投资和外包数据、这使得项目课题研究组能够将国际化模式与创新活动联系起来。在公司层面上，总共来自8个转型经济体的样本共有2 000多家外贸公司。在样本中，54%的外贸企业是出口商，18%拥有外国子公司或外包给其他国家。当然，国际活动有很大差异，对于跨越转型国家的观察结果是，平均国际化模式往往趋于过渡面向市场经济，这在很大程度上解释了国家之间的差异。为了匹配外贸企业，项目课题研究组使用一组简约变量来捕获差异国际化和创新。为了配合国际化的倾向，通常使用外贸企业规模和行业虚拟占变异较大部分的跨国公司。制度遗留效应可能是一个重要的决定因素，可以用以解释国际化和创新的变化，因此项目课题研究组纳入一些影响外贸企业差异的制度遗留效应因素。项目课题研究组基于给出的信息管理实践数据、利益相关者和竞争环境，构建一个外贸企业内部与这种制度遗留效应相关的条件图式。更具体包括员工觉得组织卓越和管理能力强的措施、国家和外国行为者的正式参与、国内和国际的数量以及存在国外竞争对手在公司的主要市场。此外，基于差异外贸企业层面的国家层面，可以对组织制度遗留效应的变化通过国际化战略和创新进行解释。因此，外贸企业只能与位于过渡阶段并具有可比分数的其他国家的公司相配。

### 7.4.5　结果

首先，匹配过程的第一阶段结果。项目课题研究组从一般到具体保持匹配方程的简约。匹配结果显示，外贸企业规模以及组织特征都与国际化相关，同时，包括组织在内的特征对于匹配程序至关重要。例如，关于研发，包括在第一阶段外贸企业规模以上的组织卓越使项目课题研究组能够避免匹配大型公司具有非常不同的制度遗留效应，本身可以捕捉到差异国际化，从而创新。结果表明，这显著地减少了在匹配过程中的偏差，从而改变了第二阶段的结果。一般来说，国际化的外贸企业倾向于刺激创新。调查结果显示，出口有显著影响创新的三个措施：研发、产品创新和国际专利。实验组与对照组的对比效果差异发现，这些创新变量分别为7.950%、4.698%和8.121%。在经济方面，这意味着出口外贸企业投资研发的可能性高，新开发产品的销售额比例高，以国际专利形式在国外拥有知识产权的百分比就更有可能。外商直接投资对研发和国际专利有重大影响。从事外商直接投资和配套外贸企业的研发工作的处理平均差异效果显著，这意味着在国外拥有国外平均的外贸企业有大幅度的提升，有机会被纳入投入大量资源的公司研发投入。此外，与不在国外的类似公司相比，这些公司拥有更多的国际专利，对照组和控制组之间的平均效果差异显著。该结果表明，外商直接投资与产品创新的销售增长无关。项目课题研究组没有发现外包对研发和国际专利的影响，同时外包也是一个对产品创新的重大影响。就面板总体而言，关键发现是，公司的国际化是了解外贸企业生产力变化的一个关键。这项研究提供了证据表明：在出口领域，外国子公司和国际分包活动的影响较大，创新是外贸企业生产力和经济增长的主要决定因素。同时，这些结果对应用的特定匹配程序不敏感。

# 第8章　外贸供给侧改革实现的外贸结构调整与产业结构升级路径

## 8.1　背景

随着世界经济全球化的推进，全球的国际贸易发生了重大变化，对外开放已然成为一个国家或区域经济发展的关键因素。产业结构和国际贸易通过“经济全球化”与“比较优势”紧密联系在一起，一个国家或区域经济产业结构的优化升级越来越离不开外部国际贸易因素的影响或制约。一方面，一国或区域的产业结构决定着其对应的外贸结构；另一方面，外贸结构的转变和优化升级会反作用于该国或区域的产业结构的优化升级，两者之间的协调发展是促进经济可持续健康发展的重要前提与保证。广东省作为改革开放前沿，是开放型经济的典型代表，也是我国对外贸易最为活跃的区域之一。广东省外贸进出口总值已稳居全国首位多年。同时，其产业结构比已约达到4.6∶46∶48.4，第三产业在国民经济中的占比已超越了第二产业，产业结构优化调整升级已经成为广东省经济平稳发展中的一个举足轻重的关键环节。本章分别从静态和动态的视角探索和研究广东省外贸结构对其产业结构优化升级的影响，探讨这种影响的作用机理及实现路径。本研究可为广东省通过调整外贸结构促进产业结构的优化升级提供决策依据和理论支持。

## 8.2　国际贸易理论与贸易结构的调整

### 8.2.1　外贸结构与外贸结构调整

外贸结构是指参与国际进出口贸易活动的一系列主体和客体之间的彼此相互联系以及它们之间的比例关系。狭义的外贸结构是指外贸商品结构，即在一定时期内，一国或地区的进出口贸易中各类商品的比例，这种比例可以直观综合反映该国或地区的经济发展情况，包括产业结构和国际分工地位等。广义的外贸结构除了包括狭义的外贸商品结构之外，还包括外贸市场结构、外贸经营主体结构以及外贸方式结构等。其中，外贸方式结构指的是一国或地区进行国际货物贸易时所使用的具体方法，具体可以分为一般贸易、加工贸易、易货贸易和补偿贸易等；外贸市场结构指的是一国或地区对外贸易中其各贸易伙伴所占有的市场份额和地位；外贸经营主体结构指的是一国或地区的对外贸易中，其各个经营主体所占的比重。

外贸结构调整是指遵循交换利益最大化的原则，参与国际贸易的国家或地区对本国或本地区参与国际贸易的市场、企业、模式、产品等所做出的一系列选择。在我国当前的语境下，外贸结构调整是指一国或地区，根据既定的发展目标，确定本国或本地区的对外贸易的发展战略，制定政策导向引导一国或地区的市场主体行为，优化升级自身外贸结构，实现外贸增长方式的本质转变，最终服务于实现对外贸易可持续、健康、稳定发展的总目标。在其内容上，当前我国的外贸结构调整主要是指四个方面的结构优化：主体结构优化、市场结构优化、外贸方式结构优化和商品结构优化。

在 2015 年《政府工作报告》中，李克强总理强调，促进加工贸易转型是推动我国外贸转型升级的一个重要措施。一般贸易被普遍认为是最具价值的国际贸易方式，特别是反映在一般贸易出口上。一般贸易与加工贸易相比，是一国或区域参与国际产业层面分工和协作的一个主要平台，一般贸易对于产业发展的引导和促进作用十分显著。其主要体现在：一方面，一般贸易企业由于扎根于本土资源，其生产要素资源主要源于国内，所以产业链条长，对产业结构的带动能力更强；另一方面，一般贸易有助于缓解国内加工制造业过度发展而引起的产需结构矛盾，促进部分产业的生存发展。

### 8.2.2 传统贸易理论与贸易结构调整

对贸易结构及其调整变动的理论研究由来已久，最早可以追溯到国际分工与国际贸易发展的奠基石理论——传统国际贸易理论。传统贸易理论主要包括亚当·斯密的绝对优势理论、大卫·李嘉图的比较优势理论和赫克歇尔—奥林的要素禀赋理论。传统贸易理论主要是基于静态角度来描述均衡问题、进出口方向和对外贸易结构问题。

(1)绝对优势理论。1776 年，亚当·斯密出版了《国民财富的性质和原因的研究》一书，在该书里，他首次提出了绝对优势理论，用以解释国际贸易利益和流向机理等问题。

(2)比较优势理论。比较优势理论是由英国古典政治经济学家大卫·李嘉图在1817 年出版的《政治经济学与赋税原理》中提出的。大卫·李嘉图在亚当·斯密的绝对优势理论的基础上，通过分析两个国家的两种产品得出，只要一国存在相对于其他国家内部部门生产优势较大的部门，即认为该国存在比较优势，两国间仍可发生国际分工和贸易活动。

(3)要素禀赋理论。20 世纪上半叶，瑞典经济学家赫克歇尔和他的学生奥林提出了要素禀赋理论(简称 H-O 理论)。H-O 理论主张，由于各国的生产要素禀赋不同，所以直接导致其要素相对价格的差异，进一步导致了商品的价格差异，正是这种价格差异导致了国际贸易的产生。因此，一些国家虽然在技术上不存在较大差异，但只要其具有不同的生产禀赋，仍可能发生国际贸易。

### 8.2.3　新贸易理论与贸易结构调整

第二次世界大战结束后，世界国际贸易的商品结构和区域结构发生了极大的新的变化，传统国际贸易理论已经无法解释这些新的变化。这种背景下，新贸易理论出现，它以产品生命周期理论、规模经济与产业内贸易理论为主要代表，从动态视角出发，试图阐明在资源要素多元化的情况下世界各国贸易结构的变化机理。

(1)产品生命周期理论。1966 年，Louis Wells 和 Raymond Vernon 提出了产品生命周期理论。这一理论主要是基于比较优势理论，从技术动态发展的角度出发，揭示处于生命周期的不同阶段的产品在不同国家市场上竞争地位的差异，从而引起国际贸易中商品结构的变化。产品的生命周期可以细分为三个主要阶段：新产品期、成熟产品期和标准化产品期。

(2)规模经济与产业内贸易理论。规模经济理论指出，产业规模与产品成本呈反比，即产品成本随产业规模的扩大而相应下降，进而提高经济效益；但规模经济的发展有一个界限，当规模达到一定程度时，产量的增加就低于投入的增加，此时出现经济收益下降的趋势。每一国专业化生产某些产品，以对外贸易的途径扩大市场容量，从而促使生产规模得以扩大，交换产品并从中获益。

新贸易理论中的贸易结构调整含义如下：

如果说传统贸易理论基本集中在贸易商品结构及其调整问题的讨论上，那么新贸易理论则将视野拓展到贸易市场结构、贸易主体结构、贸易方式结构及其调整方面，且其中的政府职能也得到加强。

# 8.3 产业结构与产业结构升级理论

## 8.3.1 产业结构和产业结构升级

产业结构是指国民经济中各产业部门的构成比例特征及部门间的相互联系。产业结构部门间的绝对值和比例关系随着经济水平的不断变化而相应改变。衡量产业结构主要有两种比较常用的方法：一是用各个产业之间和产业内部之间的国民生产总值的比例关系衡量，如三个产业之间的比重关系，第一产业内部的农业、林业、牧业、渔业之间的比重关系；二是用产业中技术水平结合对应的经济效应分布状态进行衡量，如劳动密集型产业、资本密集型产业、技术密集型产业等。从动态发展的角度来看，产业结构升级是指在一定周期内，以国民经济效益最优化为目标，并通过技术进步和产品服务创新等实现产业结构从低级向高级转变的经济趋势和发展过程。

依据产业结构的定义和衡量标准，产业结构的升级可以从两个方面实现：一是各层次的产业之间的技术经济联系的演变和发展；二是各层次的产业之间的数量和比例关系的演变和发展。具体而言，产业结构升级主要指的是：①三个产业的调整，即第一产业演化到第二产业，并逐渐过渡到第三产业阶段；②每个产业内部向合理化和高度化的转变，即促使生产率较低、技术水平较弱、附加值较小的产业向生产率较高、技术水平较强、附加值较大的产业演化和转变，具体表现：从以附加值较低的劳动密集型为主导产业上升到以附加值较高的技术密集型为主导产业等。

从已有的国内外研究文献来看，学术界普遍认同外贸结构的变动会对三个产业之间的比重关系和每个产业内部的升级产生相应的影响。由于篇幅所限，本节在实证研究中，将主要分析外贸结构调整与三个产业结构升级间的相关性。

综合国内外学者的研究成果发现，产业结构的演化进展具有很强的规律性，其一般规律如下：①在经济发展初期阶段，一般在一国或区域的国民经济中占据主导性地位的是农业。②在工业化发展初期阶段，一方面，第一产业在一国或区域的国民经济中的比重逐渐降低，第二产业比重迅速上升并逐步占据主导性地位，同时第三产业比重呈现较为缓慢攀升的态势。另一方面，在第二产业内部，工业结构逐渐从轻工业为主向重工业为主演变。③进入工业化发展中期阶段，一方面，第一产业比重继续降低，第二产业替代第一产业成为国民经济的主导，同时第三产业的占比呈现稳步上升的趋势。另一方面，在第二产业内部重工业占主要地位，此时的工业化呈现出高加工化的特征。④进入工业化发展高级阶段，第一、二产业的比重均大幅下降，第三产业所占比重超过第一、二产业的总和。从第二产业内部来看，整个工业的工艺技术水平显著提高。⑤进入经济发达阶段，在社会劳动力和国民收入方面，第三产业比重均超过一半，工业化过程完成。

### 8.3.2　外贸结构调整影响产业结构升级的作用机理

随着对外经济开放程度的日益加深，国内要素禀赋的变化与国际产业的关联度越来越密切，因此，外贸结构与产业结构之间便形成了一个动态的、复杂的耦合关系。一国或区域通过参加外贸活动这一途径参与全球国际化分工，而外贸结构的调整往往通过获取竞争优势来发挥作用，这一作用的发挥促使一国或区域在国际分工中的角色变动，从而进一步促使产业结构的调整、优化和升级。一般来说，一国或区域可通过要素禀赋、技术进步、关联效应、稳定效应等途径实现外贸结构的调整，利用不断积累的竞争优势促进产业结构的调整、优化和升级。

**1. 要素禀赋作用途径**

Tadeusz Ryczynski(1995)归纳指出了外贸结构通过要素积累效应而促进产业结构升级的作用机理，即由于外贸结构发生的演变替代，导致了一国或区域的某种或个别的生产要素累计增加，因而导致使用该累积要素相对较密集的一些特定部门的生产呈现日益扩张的态势，反之，相对较密集使用非累积要素的特定部门的生产呈现日益萎缩的态势。其主要体现在：首先，通过进口一国或区域相对匮乏的要素资源，使得某些受制于有限要素资源的产业的供给弹性发生了相应的变化和发展。其次，一些国内市场相对饱和的部门通过扩大国外市场，出口有关产品、技术或者资本，从而使得产品的需求弹性发生改变，这直接解决了该国或地区内的产能过剩问题，可以有效突破产业结构升级的瓶颈。这一过程同时也促使输入国获取了该产业的比较优势，再将产品返销本国市场，收缩本国相关产业而向其他产业转型，间接促进了产业结构调整、优化和升级。

**2. 技术进步作用途径**

外贸结构的调整优化通过改变进出口货物、技术、服务形式，对产业结构的投入和产出产生影响。一方面，高新技术产品及先进设备的进口增加，可以大大提高产业的生产效率和研发能力，促使资源要素在相关部门间的有序流动，推动技术密集型和知识密集型产业的发展，最终实现产业结构的调整、优化和升级。由于不同的部门投入高新技术产品和进口设备的力度具有异质性，导致各个部门获得的回报率也不同，高投入的部门一般会获得较高的效益，该部门的发展也会变得更加稳定，外贸结构的调整起到引导产业结构优化的方向标作用。另一方面，外贸企业，特别是加工贸易企业，通过加强技术溢出和人才流动效应，不断增加自身所处产业链的环节，从而进一步加快吸收和掌握核心技术和先进管理经验，最终实现产业发展和结构的优化升级。Ghodeswar 和 Vaidyanathan 认为，加工贸易企业利用“干中学”可以产生“技术外溢”效益，通过各种渠道从跨国母公司获取显性或缄默技术知识，改变东道国贸易结构，并进一步改善其在国际分工中的地位，加快了产业结构的高级化进程。同时，跨国母公司生产转移过程也促进了资本品的输入，为产业升级奠定了基础。因此，外贸结构的调整通过技术途径促进第一产业向第二产业的演变，同时加快了第二产业内部的高级化进程。

**3. 关联效应作用途径**

随着外贸结构的不断调整和深入优化，外贸企业自身通过对原材料和零部件供应的本地化实现，达到降低成本的直接目的，间接地提高了外贸企业自身的国际竞争力和竞争优势，从而加长了产业链条、提高了国内的采购率、扩大了产业关联效应，最终围绕该产品形成了一定规模的产业集群，这在一定程度上刺激了本国制造业和生产性服务业的配套需求，带动了第二产业内部的合理化调整及向第三产业的过渡。

**4. 稳定效应作用途径**

外贸结构的多元化能够在外部贸易环境和制度等方面保证产业结构的稳定升级。外贸主体结构的多元化，为一国或区域的对外贸易发展提供原动力和一定的创新驱动力。外贸市场结构的多元化，通过稳定透明的区域制度安排和多边贸易合作，很大程度上可以减少本国对发达国家或区域市场的单向依赖性，减少和消化局部贸易摩擦；同时，在本国产业结构升级过程中，劣势产业可转移到增加的后新兴市场，也将促进该类产业生产发展的稳定。

## 8.4 广东省三次产业结构演变趋势及分析

如图 8-1 所示，广东省的第一、第二产业结构占比总体上呈现出比较平稳的发展演化趋势，第一产业占比基本维持在 10%以下，在 5%左右浮动；第二产业占比呈现逐渐下降的趋势；第三产业占比总体上呈现上升趋势，最明显的特征就是在 2015 年，广东省的第三产业占比首次突破了 50%，具体达到了 50.8%，成为 2015 年拉动广东省 GDP 增长的一个新的原动力。在 2013 年，广东省经济发展中出现的最明显特征是产业结构发生了本质性的重大改变，当年，广东省第三产业现价增加值占地区生产总值的比重上升到 48.8%，超过第二产业而成为国民经济第一大产业，使得产业结构演变由原来的“二三一”结构过渡到“三二一”结构，2013 年产业结构比为 4.8%∶46.4%∶48.8%。第三产业总体上呈现快速上升趋势，三个 2014 年，第三产业比重继续提升，达到 49.0%，2015 年则达到 50.8%，在历史上第一次实现了 50%的本质突破，三个产业结构比也相应调整为 4.6%∶44.6%∶50.8%，这标志着广东省三次产业结构演变的“三二一”发展格局已经成型。从走势图可见，广东省的第三产业比重超越第二产业将是未来长期的走向趋势。

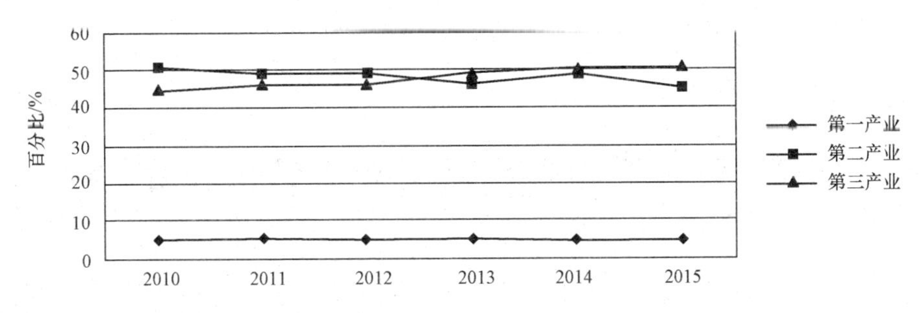


**图 8-1　广东省 2010—2015 年三个产业结构比例走势图**

2010—2015 年，广东省农业发展保持稳定趋势，工业发展相对速度有所下降，服务业在国民经济中的地位不断凸显，占比不断上升，这与广东省的经济发展水平的提高具有很大相关性，也体现了广东省对生产性和生活性服务的需求具有不断扩大的趋势，可见，第三产业(服务业)已然成为广东省经济的第一大主导产业。这一现象体现了 2010—2015 年广东省经济结构的调整、优化和升级主要体现在工业内部升级加快、服务业发展加快两个方面，证明了广东省的经济发展已经实现向中高端阶段的迈进，广东省的经济结构呈现出持续优化的态势，这与 2010—2015 年广东省政府贯彻落实党的十八大精神，大力实施创新驱动发展战略密切相关。三大产业形成“三二一”结构归因于广东省将调结构、促转型放在突出位置有关，得力于广东省推动先进制造业和现代服务业“双轮驱动”，正是在 2010—2015 年广东省保持经济持续较快发展的同时，调整优化升级经济结构，广东省经济发展的后劲才足，内生动力才得以持续增强。2010—2015 年广东省进出口总额走势如图 8-2 所示。

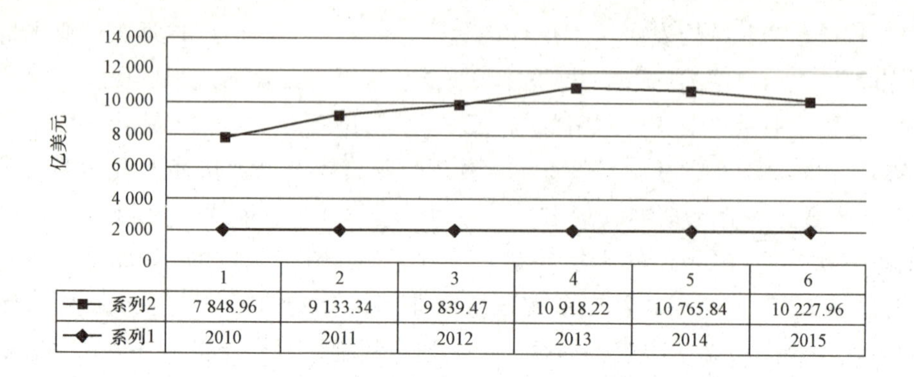


图 8-2　2010—2015 年广东省进出口总额走势图

## 8.5　广东省外贸结构因素对产业结构升级的影响

从上一节的文献理论分析可知，一国或区域的外贸结构的调整优化升级主要是通过资源要素禀赋、技术进步等途径作用于一国或区域的产业结构升级，其中关联效应和稳定效应也起着一定的作用，两种效应使产业结构得到进一步的升级。那么，具体外贸结构是通过什么机理和路径来影响一国或区域的产业结构升级的呢？这是本节要研究的一个问题。本节通过建立数理模型，利用 EViews 5.0 计量经济软件，对广东省的对外贸易进出口方式结构组成因素对广东省的三个产业的影响进行深入的实证研究，以期对广东省的对外贸易结构如何影响产业结构发展的过程进行较为深入的探讨和比较详尽的分析。

### 8.5.1　模型

本节以广东省的对外贸易结构为研究对象。Hollis B. Chenery 和 Moises Syrquin 1975 年建立的半对数回归方程，以时间、收入、净资本流入、总人口等作为解释变量，探讨了产业结构的影响因素问题。

$$S_j=\beta+\alpha_1\ln X+\alpha_2(\ln X)^2+\gamma_1\ln M+\gamma_2(\ln M)^2+\phi E+\delta R$$

式中，$S_j$ 代表相关经济结构的占比，$X$ 代表人均收入，$M$ 代表总人口，$E$ 代表流入的净资本，$R$ 代表时间。杨全发(2000)在分析 20 世纪 80 年代前后的相关结构变化的贸易影响因素时，对 Chenery 和 Syrquin(1975)的半对数回归方程进行了相应的改进，主要是删除了时间变量 $R$，并同时将流入净资本 $E$ 变成了进出口贸易额，相应地生成新的方程式。

$$\ln(X_jS)=\beta+\alpha_1\ln X+\alpha_2(\ln X)^2+\gamma_1\ln P+\gamma_2(\ln P)^2+\phi\ln E_X$$

$$\ln(X_jS)=\beta+\alpha_1\ln X+\alpha_2(\ln X)^2+\gamma_1\ln P+\gamma_2(\ln P)^2+\phi\ln I_M$$

其中，$X_jS(j=1,2,3)$分别代表第一、二、三产业在国民生产总值中所占的具体百分比，$X$ 代表人均国民生产总值，$P$ 表示总人口，$E_X$ 和 $I_M$ 分别代表出口总额和进口总额。

本节效仿杨全发(2000)的模型建构思路，基于改进的 Chenery 和 Syrquin (1975)的半对数回归方程，将广东省外贸中的一般贸易、加工贸易出口额和进口额代替净资本流入 $E$，构建新的模型。方程式如下：

$$\ln(X_jS)=\beta_j+\alpha_{j1}\ln X+\alpha_{j2}(\ln X)^2+\gamma_{j1}\ln P+\gamma_{j2}(\ln P)^2+\phi_j\ln E_X$$

$$\ln(X_jS)=\beta_j+\alpha_{j1}\ln X+\alpha_{j2}(\ln X)^2+\gamma_{j1}\ln P+\gamma_{j2}(\ln P)^2+\phi_j\ln E_g$$

$$\ln(X_jS)=\beta_j+\alpha_{j1}\ln X+\alpha_{j2}(\ln X)^2+\gamma_{j1}\ln P+\gamma_{j2}(\ln P)^2+\phi_j\ln I_M$$

$$\ln(X_jS)=\beta_j+\alpha_{j1}\ln X+\alpha_{j2}(\ln X)^2+\gamma_{j1}\ln P+\gamma_{j2}(\ln P)^2+\phi_j\ln I_g$$

上述方程组中，$X_jS(j=1,2,3)$表示第一、二、三产业在国民生产总值中所占的具体百分比，$X$ 表示人均国民生产总值，$P$ 表示总人口，$E_X$、$E_g$ 分别代表加工贸易和一般贸易的出口额，$I_M$、$I_g$ 分别代表加工贸易和一般贸易的进口额。

### 8.5.2 数据

2010—2015 年广东省第一、二、三产业产值及其总产值的数据均源于《广东统计年鉴》。考虑历年年鉴中数据以当年的价格来进行计算，存在一定的价格因素的影响，为了剔除这种价格因素影响，本节对数据进行处理调整：以第三产业生产总值指数作为基数，以 2010 年为基期，再通过与名义产值的计算得出 2010—2015 年各年份的实际生产总值，再进一步计算得出各产业占总值的具体比例。2010—2015 年广东省的进出口数据也源于《广东统计年鉴》，为剔除各种价格因素影响，以 2010 年为基期，计算进出口单位价值指数(进出口价值指数/数量指数)，再分别除以一般贸易与加工贸易和其他贸易方式的进、出口值，最终计算得出数据。

## 8.6 广东省出口贸易实证结果分析及比较

### 8.6.1 广东省外贸方式结构对第一产业的影响分析

据表 8-1 显示，广东省出口贸易方式结构对第一产业的回归方程的拟合度都大于 0.99，$F$ 统计量都大于 1 500，这两个指标显示模型的拟合度很高。在回归过程中，对不显著变量$(\ln X)^2$ 进行了剔除，从实证结果得出：

(1)广东省 $\ln E_X$ 的系数为−0.124 807，通过了显著性 T 检验，验证了第一产业比重与广东省加工贸易出口之间存在负相关关系，而且这种关系是显著的。具体数据显示为加工贸易出口的对数值每增加 1%，广东省的第一产业百分比就减少 0.124 807%。可能的原因是，加工贸易的出口会促使劳动力、资本等资源要素从第一产业向第二、三产业流动转移，这延缓并阻碍了第一产业的发展，但另一方面同时提高了工业化水平，这一结论印证了主流经济学的相关理论。

(2)广东省 $\ln E_g$ 的系数为−0.037 136，未通过显著性 T 检验，说明广东省一般贸易出口对第一产业比重的影响并不显著。

(3)广东省 $\ln I_M$ 的系数为−0.060 001，未通过显著性 T 检验，说明广东省加工贸易进口对第一产业占比的变化不存在显著影响。

(4)广东省 $\ln I_g$ 的系数为−0.058 440，通过了显著性 T 检验。具体来说，广东省一般贸易进口的对数值每增加 1%，其第一产业的占比对数值就减少 0.058 440%。可能的原因是，通过一般贸易进口的农业、林业、牧业、渔业类属于第一产业的产品会挤压影响国内的农产品市场，假设总需求量在短期内不变，国内相关供给就会减少，从而阻碍了第一产业的发展。

**表 8-1　广东省贸易方式结构对第一产业比重影响的回归结果**

| $c$ | $\ln X$ | $\ln P$ | $(\ln P)^2$ |
|---|---|---|---|
| −36.408 57<br>(−0.399 092) | −0.600 102<br>(−7.553 001) | 8.995 892<br>(0.469 610) | −0.481 505<br>(−0.500 284) |
| 213.800 1<br>(4.005 713) | −0.730 964<br>(−7.240 059) | −46.211 85<br>(−3.799 748) | 2.502 692<br>(3.791 61) |
| 88.072 02<br>(0.855 216) | −0.727 553<br>(−8.005 321) | −17.956 13<br>(−0.820 022) | 1.083 795<br>(0.799 266) |
| 78.023 54<br>(0.851 063) | −0.860 086<br>(−17.246 39) | −16.976<br>(−0.844 579) | 1.032 798<br>(0.919 841) |
| $\ln E_X$ | $\ln E_g$ | $\ln I_M$ | $\ln I_g$ |
| −0.124 807<br>(−3.830 68)*** | | | |
| | −0.037 136<br>(−1.466 145) | | |

续表

| $\ln E_X$ | $\ln E_g$ | $\ln I_M$ | $\ln I_g$ |
|---|---|---|---|
| | | −0.060 001<br>(−1.453 545) | |
| | | | −0.058 440<br>(−1.805 426)*** |
| $R^2$ | $DW$ | $F$ | |
| 0.999 889 | 1.086 901 | 6 428.301 | |
| 0.999 549 | 1.250 848 | 7 305.682 | |
| 0.999 247 | 1.377 009 | 5 623.529 | |
| 0.999 080 | 1.053 915 | 5 700.652 | |
| 注：单元格中第一行代表回归系数，括号中数值代表 T 检验值。回归结果由 EView 5.0 统计得出 | | | |

### 8.6.2　广东省外贸方式结构对第二产业的影响分析

据表 8-2 显示，根据模型 $R^2$ 和 $F$，这 8 个回归方程拟合度均很高，模型总体具备有效性。从回归结果可得出：

(1)广东省 $\ln E_X$ 的系数为正值 0.039 899，并通过了显著性 T 检验，这证明，广东省的加工贸易的出口与第二产业比重存在明显的正向相关关系。加工贸易出口的对数值每增加 1%，广东省第二产业比重的对数值将增加 0.039 899%。这可以解释为，在改革开放过程中，广东省加工贸易出口创汇和外商直接投资为第二产业生产企业提供了巨大的资金支持，持续推动了广东省第二产业的蓬勃发展。

(2)广东省 $\ln E_g$ 的系数为正值 0.035 899，并通过了显著性 T 检验，表明其具有显著性。广东省一般贸易出口对第二产业比重具有较为显著的促进作用，具体表现为广东省的一般贸易出口的对数值每增加 1%，其第二产业比重的对数值增加 0.035 899%，这可以解释为，广东省的一般贸易出口实现从原先的以低附加值的初级产品和资源密集型产品为主的结构，变成以劳动密集型和资本密集型等制成品为主的产业结构，广东省一般贸易层次的提高，扩大了第二产业市场需求，促进了第二产业的发展。

(3)广东省 $\ln I_M$ 的系数为−0.032 050，表明广东省第二产业比重与其加工贸易进口存在反向负相关的关系，但由于广东省 $\ln I_M$ 系数没能通过显著性 T 检验，表明其对第二产业比重的阻碍作用并不明显。可能的原因是，理论上，加工贸易的进口可以为当地企业带来大量的新产品和新技术，从而直接地提升企业的生产技术水平和强化生产能力，由于技术外溢和转移效应的存在，间接促进第二产业的发展。但实际上，加工贸易企业在产品、设备和技术的引进的同时也大大降低了加工贸易料件在本土区域的采购率，间接地减少了本土区域上游产业的供给，这不利于第二产业的发展。广东省加工贸易进口与第二产业比重之间的反向负相关关系印证了这一点，但这种影响相对有限。

(4)广东省 $\ln I_g$ 的系数为−0.012 607，其一般贸易进口抑制了第二产业发展，但这种影响相对较弱。可能的原因是，一般贸易进口的产品在一定程度上起到对国内竞争优势薄弱的产业产品的替代作用，使得劣势产业得以转移，这也是产业结构升级的一种体现。

**表 8-2　广东省贸易方式结构对第二产业比重影响的回归结果**

| $c$ | $\ln X$ | $\ln P$ | $(\ln P)^2$ |
|---|---|---|---|
| 198.694 4<br>(0.950 175) | 2.018 447<br>(1.245 974) | −48.950 2<br>(−0.922 519) | 3.008 274<br>(0.922 001) |
| 190.552 2<br>(0.961 058) | 2.126 928<br>(2.082 21) | −44.056 25<br>(−0.963 502) | 2.704 297<br>(0.940 061) |
| 330.603 5<br>(1.501 04) | 3.378 909<br>(2.599 628) | −68.122 71<br>(−1.505 171) | 4.281 901<br>(1.444 777) |
| 300.517<br>(1.300 056) | 2.939 941<br>(2.282 965) | −68.000 36<br>(−1.212 719) | 3.600 014<br>(1.314 775) |
| $\ln E_X$ | $\ln E_g$ | $\ln I_M$ | $\ln I_g$ |
| 0.039 899<br>(−3.017 79)*** | | | |
| | 0.035 899<br>(−2.124 588)* | | |
| | | −0.032 050<br>(−0.932 004) | |
| | | | −0.012 607<br>(−0.689 327) |
| $R^2$ | $DW$ | $F$ | |
| 0.980 934 | 1.201 351 | 300.395 4 | |
| 0.982 849 | 1.713 210 | 318.201 8 | |
| 0.999 962 | 1.518 858 | 258.489 9 | |
| 0.988 520 | 1.643 140 | 305.585 8 | |

注：单元格中第一行代表回归系数，括号中数值代表 T 检验值。回归结果由 EView 5.0 统计得出

### 8.6.3　广东省外贸方式结构对第三产业的影响分析

据表 8-3 显示，根据模型 $R^2$ 和 $F$，这 8 个回归方程拟合度均很高，模型总体具备有效性。从回归结果可得出：上述方程 $F$ 均大于 $F_{0.01}(3, 15)$，说明通过 F 检验。从回归结果可得出：

(1)广东省 $\ln E_X$ 的系数为负值−0.090 352，并且通过 T 检验，证明其具有显著性。广东省加工贸易的出口对第三产业占比产生明显的反向负相关作用，加工贸易出口的对数值增加 1%，广东省第三产业比重的对数值将减少 0.090 352%。可能的原因是，由于广东省加工贸易服务体系尚不够完善，导致产业关联效应较低，从而遏制了加工贸易配套业的发展。

(2)广东省 $\ln E_g$ 的系数为−0.042 064，并且通过 T 检验，证明其具有显著负相关性。

(3)广东省 $\ln I_M$ 的系数为−0.069 941，通过 T 检验，表明广东省加工贸易的进口将引起第三产业比重明显下降。

(4)广东省 $\ln I_g$ 的系数为正值 0.041 922，广东省一般贸易进口额未能通过显著性检验，即广东省一般贸易进口额对第三产业的促进作用比较微弱。这可以解释为，一般贸易的进口有效地推动了广东省区域的交通运输、仓储和金融中介服务等行业的发展，因此提升了第三产业在国民生产总值中的占比。

**表 8-3　广东省贸易方式结构对第三产业比重影响的回归结果**

| $c$ | $\ln X$ | $\ln P$ | $(\ln P)^2$ |
|---|---|---|---|
| −170.091 4<br>(−4.000 178) | −1.080 445<br>(−0.555 974) | 38.050 7<br>(4.021 2 519) | −2.048 274<br>(−4.022 054) |
| −120.502 2<br>(−0.461 052) | −0.896 920<br>(−0.782 28) | 24.056 25<br>(0.463 0 082) | −1.504 297<br>(−0.440 061) |
| −193.608 8<br>(−3.001 05) | −2.378 904<br>(−1.599 327) | 38.122 71<br>(3.205 188) | −2.281 956<br>(−3.454 787) |
| −300.517<br>(−0.890 016) | −2.009 907<br>(−1.299 965) | 58.005 36<br>(0.902 719) | −3.000 024<br>(−0.814 705) |
| $\ln E_X$ | $\ln E_g$ | $\ln I_M$ | $\ln I_g$ |
| −0.090 352<br>(−3.517 79)*** | | | |
| | −0.042 064<br>(−2.224 507)* | | |

续表

| $\ln E_X$ | $\ln E_g$ | $\ln I_M$ | $\ln I_g$ |
|---|---|---|---|
| | | −0.069 941<br>(−2.004 582)* | |
| | | | 0.041 922<br>(−0.780 027) |
| $R^2$ | $DW$ | $F$ | |
| 0.990 938 | 1.361 381 | 310.305 7 | |
| 0.992 842 | 1.512 218 | 308.901 9 | |
| 0.999 922 | 1.518 888 | 268.409 9 | |
| 0.980 520 | 1.628 149 | 305.585 5 | |
| 注：单元格中第一行代表回归系数，括号中数值代表 T 检验值。回归结果由 EView 5.0 统计得出 | | | |

### 8.6.4 结论与解释

基于以上的实证研究与分析，可以得出以下的相关结论和对应的解释：

(1)从出口角度来看，广东省加工贸易出口对其第二产业的比例提升起着拉动的作用，且效果显著。同时，加工贸易出口对第一产业的比重起着显著的抑制作用。这种加工贸易出口促进第二产业而抑制第一产业的效应可以理解为：加工贸易一直是广东省改革开放以来外贸构成的一个重要组分，相应地，加工贸易的资金供给便成为利用外资的一个最重要的模式，伴随的其他效应(如技术溢出以及学习示范效应等)都为广东省带来巨大的经济收益，在这些效应的共同作用下，要素资源特别是劳动力资源，形成从第一产业向第二产业的流动。广东省加工贸易的出口对第三产业的推动作用不明显，这说明广东省加工贸易企业与省内的服务平台型产业的关联度较低，也体现了生产链短以及配套服务能力不足的缺点。

(2)从进口角度来看，广东省加工贸易进口对第二产业起着较不显著的抑制作用，这体现了广东省加工贸易存在增值率低以及带动能力较弱等问题。这可以理解为：整体的广东省加工贸易，固化于中低端环节(如加工制造和零部件配套等)，而主要的核心技术、关键设备、品牌效应等高端环节仍然被跨国母公司所牢牢控制，从而导致了对于进口的过度依赖，许多中间投入品没有实现当地供给替代，无法发挥对省内中上游产业的带动作用，不利于整体的产业结构的调整升级。广东省一般贸易进口与第三产业比重呈现正相关关系，与第二产业比重呈现负相关关系。这在一定程度上反映出产业结构的调整与升级，即通过一般贸易进口本国并无竞争优势的产品，使得一些无竞争优势的部门削减，促使要素资源向新兴部门流动。

# 8.7　广东省加工贸易转型的战略与路径

## 8.7.1　巩固现有市场份额

产业转型绝对不是一个一蹴而就的过程，而是循序渐进的过程。现阶段，广东省外贸面临着日益严峻的国内外经济形势和挑战，2008 年次贷危机以来的美国经济复苏过程曲折反复，从主权危机的泥潭中勉强走出来的欧洲经济形势依然严峻，全球经济增长乏力，宽松的货币政策一直在延续。作为影响广东省外贸的国内因素，国内的实体经济依然未能恢复到活跃状态，同时虚拟经济的套利行为却层出不穷，如影了银行、互联网金融等问题频发导致了国内资本市场波动剧烈，对外贸易量呈现出不断下滑的态势。在这种内外困境的情况下，广东省如何保住加工贸易的市场容量是一个首要问题，为了顺利实现经济整体转型，广东省必须首先培育加工贸易的新增长点，巩固现有的国内外外贸市场份额。

## 8.7.2　提高劳动者技术水平

在具体的广东省加工贸易转型的路径选择上，广东省外贸可以借鉴新古典经济增长理论和克鲁格曼的新国际贸易理论，以期找到具体的广东省加工贸易转型路径。新古典经济增长理论把人均产出的增长归因于人均资本存量和技术进步，并且指出，只有这一系列的技术进步才能够持续有效地推动人均产出增长。依靠技术进步是实现经济长期健康发展的最根本要素和有效可行措施。克鲁格曼的新国际贸易理论指出，一国或地区的经济和对外贸易持续稳定增长的重要推动力就是技术进步，技术进步也是提高一国或地区的出口效益和实现贸易增长的重要手段。新国际贸易理论的继承者继承和发展了将技术变量作为经济增长内生变量的理论，指出技术是决定规模经济内源形成的一个关键影响因素，也是一国或地区保持其比较优势的主要变量。因而，在广东省以加工贸易转型为核心对象的产业转型和广东省外贸竞争力提升过程中，一定要以推动技术进步作为贯穿始终的措施和手段，同时不断提高广东省外贸服务业的技术水平，才能在保证经济发展水平和速度不变的情况下，长期不断提升广东省的外贸竞争力和区域产业竞争力。通过对落后生产方式的逐渐淘汰，促使人力资本技术水平得以相应提高，提升广东省外贸的国际竞争力，保持广东省外贸经济整体稳定健康发展。提高技术水平包括软技术和硬技术两个方面。其中，提高软技术水平指的是提升劳动者的技能水平，具体包括提高人力资本生产产品的操作效率和娴熟度以及提高劳工生产隐性产品的技术，即服务能力。而提高硬技术水平则体现为传统的技术进步，包括信息技术发展、高新技术产业进步等。加工贸易作为服务贸易在第二产业中的一种特殊表现形式，随着广东省劳动力资源相对优势的逐渐丧失，加工贸易已经开始出现向性价比更高的地区发展的趋势。同时，在我国提倡绿色低碳环保的社会大环境下，广东省之前的粗放式加工贸易发展模式已不能适应。因而，广东省的加工贸易转型目标是实现从第二产业加工业向第三产业服务业转变，即应以提高劳工生产隐性产品的技术能力为主要目标，发展现代服务业。

### 8.7.3 充分利用政策空间和先行先试机会

广东省一直是改革开放的排头兵，改革开放初期，广东省便设有汕头市、深圳市、珠海市三个经济特区。自贸区政策虽然最初在上海进行探索，进一步的全国试点推广过程中国家给予了广东省南沙、横琴、前海三大试点基地。其中，南沙以生产性服务业为主，前海以金融业对外开放和世界服务贸易为主，横琴以文化教育和商务服务休闲旅游为主。可以看出，国家对广东省在新一轮的对外开放过程中所要起到的作用寄予厚望，所以广东省要利用先行先试的机会抓紧完成产业的探索、开拓和升级。

# 第9章　结论与建议

## 9.1　结论

本书的研究结论大致可分为以下三个方面：

(1)通过对关于外贸创新驱动因素的文献研究进行统计分析，归纳出频次较高的有代表性的外贸创新驱动因素，对相关数据进行了梳理并分类，提炼了外贸创新驱动5个指标：创新制度、创新主体、创新文化、创新载体、创新资源。本书构建了创新驱动五因素模型和指标体系，分析各个因素和关键环节之间的驱动关系，利用外贸创新驱动5个指标对创新3个阶段之间的驱动关系进行了分析和论证。回答了“广东省对外贸易转型与创新发展的动力是什么、如何突破有限资源与环境的约束”的问题。外贸创新驱动是一个系统过程，其原动力来自政府的Push(推动作用力)与市场的Pull(拉动作用力)。创新主体因素位于整个系统的最顶层，属于最能动的外贸创新驱动因素，外贸创新活动主要都由创新主体来执行实施，其他的因素起到辅助协调作用。其中创新资源要素与创新载体提供物质来源，为创新主体提供硬性环境条件，是外贸创新活动的“基础设施”，确保外贸创新活动可以顺利进行；创新文化因素为创新主体提供文化支撑；创新制度因素为创新主体提供制度保障。这四个因素营造了外贸创新的基本文化氛围，确保整个外贸创新体系得以顺利运行。

(2)本研究基于创新经济学理论、供给理论、国际贸易学理论、区域经济学理论，采用计量经济学的实证研究方法，对科技创新驱动和区域对外贸易升级优化发展的相关性进行了实证研究和探索，以我国外贸要塞地区和开发前沿的珠三角地区2011—2016年的数据为基础和数据来源，对珠三角地区出口量和珠三角地区外贸企业高新技术产品出口总值、珠三角地区外贸企业专利申请数进行了细致和深入的客观实证分析，具体通过采用VAR模型构建和Johansen-Granger检验等研究方法，得出相关结论。本书结果显示，短时期内珠三角地区外贸企业高新技术产品出口总值对珠三角地区出口量增加(区域贸易升级)具有十分显著的驱动和促进作用。从长远来看，政府应分步骤扩大和深化其对外贸实体企业特别是服务业、高新技术产业的投资力度与支持力度，在实行外贸“供给侧结构性改革”中凸显科技创新驱动的作用，促进地区区域经济在外贸升级优化的带动下长期可持续发展。这对于提高整个外贸结构的升级优化乃至整个华南区域经济升级优化、引领全国外贸“供给侧结构性改革”都有着重大深远的理论和实践意义。Granger 因果检验结果显示，广东省乃至华南区域，特别是珠三角一带的外贸“供给侧结构性改革”的发展变化是促进科技创新驱动，进而促进珠三角地区出口量(区域贸易升级)的主要原因，即供给侧结构性改革的迅速推动加快了科技创新驱动的速度，从而激励了大批外贸企业高新技术产品出口蓬勃兴起和大量珠三角地区外贸企业专利申请数大量增加，且专利制度对外贸企业高新技术产品出口的发展有着稳定、持续的推动作用。总而言之，在外贸“供给侧结构性改革”的政策推动下，科技创新驱动通过外贸企业高新技术产品出口和外贸企业专利申请这两者形成一个“合力”作用于区域对外贸易升级优化，最终形成一个科技创新驱动与区域对外贸易升级的互相作用的机理。

(3)基于对外贸企业的微观异质性实证研究得出以下结论：

①外贸企业转型升级必须依靠创新来驱动。后次贷危机时代，广东省外贸发展方式转变正处于关键时期，这一阶段的战略重点在于转型，转型不是一个普通的转变，而是一个“质变”的过程，因此，外贸企业转型必须依靠创新驱动来实现。外贸企业必须走以技术创新为导向的转型之路，通过培育外贸企业的核心竞争力，促使知识、信息的快速增长，并使技术创新成为企业竞争优势的主要来源，这就要求外贸企业逐步降低技术引进比例，特别是模仿比例，让自主创新真正成为企业技术的主要来源，促进企业产品的核心技术获得以及品牌附加值增加，通过稳步提升企业在世界市场中的竞争力来驱动外贸发展方式的根本转变。

②外贸企业创新能力的提升必须依靠区域创新系统的支撑。要有效解决外贸企业在技术创新过程中遇到的规避和分散市场风险的工具与能力不足等问题，特别是金融资源匮乏、市场信息不对称、高端创新人才短缺等实际问题的困扰，必须坚持把优化区域创新布局作为企业创新能力提升的关键支撑。微观层面单个外贸企业较难缓解和突破创新资源对其产生的约束，因此，必须依靠宏观层面的区域创新系统的建设和中观层面上一定程度的产业集群式的发展，通过创新系统内部的各种要素共同参与和协同，多渠道获取创新资源并促使技术链条的整体突破，持续驱动企业自主创新能力的整体提升。广东省的区域创新体系建设取得一定成效，各个创新主体的创新意识有所增强，但是创新资源的网络渠道流通还不够顺

畅，特别是“官(政府)、产(行业)、学(高校)、研(科研机构)、金(金融平台)”这一系列主要关键创新主体间的合作深度和广度还明显不足，目前这些不同创新主体组织之间所建立的仅是一种弱关系技术创新网络，而不是强关系技术创新网络，所以直接导致了经济与科技融合度较低、官产学结合不够紧密等深层次的问题。因此，在强化外贸企业技术创新的主导地位的同时，要从体制上进行改革和从机制上进行创新，建立并进一步完善区域创新系统，通过中观层面上的产业集群式发展搭建集聚国内外创新资源平台，协同推进经济增长模式从传统的要素驱动向创新要素驱动转型，使得创新驱动可以真正遍布经济社会发展的所有领域。

③外贸企业突破性创新能力必须采取柔性管理的生产经营方式。外贸企业作为一个自主经营的组织，就必须自负盈亏，并必然以利润最大化为其目的。技术创新的首要目标和企业的目标是相一致的，即利润最大化，在自主创新方面取得成功的大部分企业都加大对外部产品的创新资源的获取。这些外贸企业在强化对创新风险的识别和评估能力的同时，不断改进企业的商业模式。目前，广东省大部分的外贸企业的现代化公司治理结构尚未完善，外贸企业创新过程中普遍受到创新资源短缺和承担市场风险能力不足的双重因素的制约，这要求企业将以往技术资源占有机制拓展为技术创新分享机制，这样的路径下才能有效突破技术创新资源瓶颈的制约，同时在降低企业技术创新风险的过程中延伸产业链条。这就要求外贸企业管理者不仅要提高自身的创新意识，还要提高自身的管理组织水平，从企业自身的特点出发，依据创新资源的类别等内容采取差异化管理，企业柔性管理的能力越强，企业实现突破性创新的能力就越强。外贸企业可以通过建立合理的组织架构体系，采取柔性与稳定性管理相结合的生产经营方式，以信息交换、委托开发和技术开发等股份制方式，以产品或项目为纽带，密切与高校、科研院所和其他相关合作企业的协同创新，有效获取企业外部的技术资源和其他的商业化资源，促进中观层面上产业集群式发展成员之间的创新合作与成果分享，保证企业成功地从创新中获得收益，多渠道规避、降低和化解科技创新风险。

## 9.2　建议

### 9.2.1　外贸供给侧结构性改革科技创新驱动对策举措

能否顺利推进我国的外贸转型升级和可持续发展，其关键就在于能否采取有效对策举措推行外贸供给侧结构性改革。外贸供给侧结构性改革的根本要求，就是通过采取一定的改革措施，对外贸领域的供给侧进行一种结构性的调整，具体包括供给内容结构调整以及供给方式结构调整两个主要方面。基于以上分析，我国外贸供给侧结构性改革的重点对策举措包括以下几个方面：

第一，通过技术创新进行驱动。产品品质的提升、全球价值链的高端攀升以及产业结构升级优化，这三个目标的实现都有赖于技术创新驱动。技术进步是最根本、最直接也最有效地实现这三个目标的方式。目前，由于各种因素，我国许多外贸企业还缺乏自己的核心技术，这直接造成了知识产权缺乏和品牌严重缺失的困境。这客观要求我国外贸企业必须大力提高研发经费的投入以促进技术改造，以此从根本上实现技术水平的提高。技术创新驱动也是促进产业结构优化升级的一个重要举措和一条根本路径。实现技术创新和促进技术进步，必须让市场在资源配置中起决定性作用，通过市场竞争来淘汰落后产能，培育更具竞争优势的新产品和新服务。在这个过程中，政府发挥服务企业转型的作用，即为改革清除一切制约创新的制度障碍，使得企业研发人员的创新劳动能够得到合理的回报和利益补偿，政府确保科技研发可以满足经济发展的需要，确保创新取得的成果可以满足产业发展的需要，真正实现创新项目成功向现实生产力的转化，从根本上保证各种资源要素(如知识、技术、信息、资本、劳动、管理等)的效率和效益。我国是一个科教大国，拥有丰富雄厚的科教资源，这可以为技术创新提供必要的物质保障。只要改革措施得当，真正促使作为微观经济主体的外贸企业成为真正的外贸创新主体，社会创新潜能和活力便可以得到充分发挥，在技术创新驱动下发挥技术进步对外贸转型发展的功用。

第二，提倡并培育工匠精神。外贸转型发展的一个重要方向，就是要在具备传统比较优势的产品领域，依托品质提升和精致化，将传统产业精细化，做深做透。从当前的供求关系上看，外贸转型发展面临的不是简单的产品过剩问题，还包括产品的结构性失衡问题，即低端产品的供给远远超过其需求，而高端产品的供给明显缺乏。外贸供给侧结构性改革就是通过占据高端市场来为外贸企业的平稳发展打下夯实的基础。从现有的德国、日本等工业强国的经验来看，品质高端关键取决于工匠精神。2016 年的政府工作报告第一次把“工匠精神”写入其中，可见，大力提倡并培育工匠精神，有利于改善外贸产品和服务供给，是推进外贸供给侧结构性改革的一条有效途径。外贸供给侧结构性改革的根本在于提高外贸产品和服务供给体系的质量以及效率。而严谨细致、耐心专注、精益求精正是工匠精神的内涵所在。注重培育工匠精神，用工匠精神来提升外贸产品和服务供给的质量与效率，通过增加差异化商品和服务的供给，来扩大中高端产品和服务的提供。

第三，科技创新驱动。适宜的体制机制是鼓励技术创新和培育工匠精神的强有力保障，这三者的结合才能形成促进外贸转型发展的最有效合力。体制机制会约束或促进技术创新驱动力和工匠精神，要通过科技创新构建和营造促进创新的体制机制环境。技术落后不仅仅是因为创新能力缺失导致，很大程度上，制度约束是导致创新能力缺失的根本原因。换言之，如果现有的体制机制环境无法起到有效的激励创新作用，那么技术落后和创新能力的缺失就会出现。相反，一个好的、适合的制度可以大力促使资源要素向创新领域和新兴行业转移。工匠精神背后的制度逻辑等深层次的制度性因素是形成优秀工匠精神的基础所在和文化背景。因此，外贸供给侧结构性改革需要科技创新驱动，需要通过有力的知识产权保护、高效的外贸管理以及开放领域深化扩大来具体实现。知识产权保护对集聚全球创新资源要素并激发企业进行创新起到最重要的制度保障作用；外贸管理体制可以推动贸易和投资便利化的实现以及全球分工演进的进一步发展。扩大深化开放领域就是要扩大市场准入，包括扩大高端制造业和服务业的开放，让各种更加优质的产品和服务能够在更为充分的竞争环境中被创造出来。

本书针对广东省对外贸易的具体实际情况，提出了外贸创新驱动发展路径的相关建议：通过政策获得发展优势，发挥创新制度指标这一驱动因素，让创新源泉充分涌流。同时，创新制度指标下的创新环境子指标驱动广东省外贸必须营造良好的经商环境和创新文化氛围。高校/科研机构与广东省外贸企业共同驱动，并且通过与政府的创新制度指标驱动形成合力，形成巨大的广东省外贸人力资本创新储备。通过建立与完善高新园区、创业园区等创新载体和平台，促进孵化率，为外贸科技成果的转化与商业化铺路。加快广州跨境电子商务企业之都建设，集中力量打造跨境电子商务大型平台，参与全球外贸竞争。

### 9.2.2　全球价值链下外贸供给侧结构性改革的优化资源配置建议

目前，全球价值链分工角度视域下的对外贸易，不仅含有传统意义上的出口贸易和进口贸易，更融入了广义上的“大外贸”新内容要素资源，其中包括要素资源流动等，如利用外资和本土外贸企业走出去，同时也包括随着分工领域变化而出现的开放领域新变化。概括而言，全球价值链分工角度视域下的我国外贸供给侧结构性改革，大体可以总结为如下几个重要方面的改革：

第一，从出口贸易端来看。外贸领域的供给侧结构性改革，基于传统意义上的理论，与出口贸易领域直接相关，关系最为密切。出口贸易以往通常被当作外贸经济的“需求端”，但是，按照西方经济学的理论，一国或区域的贸易与产业之间是一种表面与本质的关系，具体来说，贸易行为是作为一个“经济流”的表面存在，而一国或区域的产业才是外贸经济的本质根源。因此，“需求端”状况的改变，并非完全取决于国际市场需求，因为国际市场需求往往被认为是一个不可控的外生因素，所以“需求端”状况的改变并不一定单独由国际市场需求变化所致，通常也与一国或区域自身作为对外贸易基础的相关产业的发展状况有关，即“需求端”状况的改变与“供给端”的因素有关。国际贸易学说指出，在国际市场需求偏好既定的情况下，一国或区域的出口产品的品质提高对于其出口竞争力的提升有显著的正迁移功用，从而能增强一国或区域的外贸发展能力和后劲。因此，即便是在传统国际分工模式下，出口贸易在某种程度上也可以说是取决于供给侧层面。在全球价值链分工角度视域下，与出口贸易相关的供给侧层面问题，已经远远突破了以往的传统意义。因为此时的出口流表象，是作为融入全球价值链分工体系后一国外贸经济所表现出的外在流向，出口贸易状况所涉及的一个根本问题是如何有效融入全球国际分工体系，以及在国际分工“微笑曲线”中处于具体什么位置，这从一开始便在根本上属于“供给侧”范畴。因此，外贸供给侧结构性改革的首要任务便是应改革出口贸易领域，这一点在传统国际分工模式下是必要的，在全球价值链分工角度视域下更为重要与急迫。

第二，从进口贸易端来看。外贸经济发展在流向上一般可以分为出口贸易端和进口贸易端两种，但是在传统的以最终产品为边界的国际分工模式下，进口贸易端作为一国或区域需求的体现，通常会被误认为与供给侧层面没有联系。然而，当国际分工的主导形态从传统的模式发展到当前的全球价值链的新形态后，进口贸易端的意义已经不再是简单地满足一国或区域的最终消费需求，更多体现为其作为中间的投入品进入再生产或流通的领域，正是在此层面上，进口贸易端便具有了“供给侧”的本质特征。在全球价值链分工体系下，一国或区域的企业可以从国外或区域进口相对本国成本低、质量高而多样化的中间投入品，并将其与自身的优势资源要素或者优势技术要素相结合，在大幅度降低生产成本的同时，提高生产效率，最终形成创新产品，促使出口产品的品质提升，改善出口贸易效益，从而从整体上提升本国或区域的出口产品在全球市场上的竞争地位。实际上，目前的国内外学术界已有大量的文献均已从中间品进口的角度入手，研究了对一国出口产品质量和效益等方面的影响，即一国生产什么（Produce What）、供给什么（Supply What）、在国际分工中处于怎样的地位，不仅取决于该国自身拥有的资源要素禀赋和技术水平，还更主要地取决于能否进口到中间投入品、以怎样的成本进口，以及进口什么禀赋层次的中间投入品，因为全球价值链分工条件下中间品进口已成为绝对产出能力和水平的重要因素之一。于是，当进口贸易通过中间品进口这一环节促使一国生产乃至参与全球价值链生产分工体系中，进口贸易便成为重要一环，供给侧结构性改革相应地也就自然地包括了进口贸易领域。总之，外贸供给侧结构性改革的重要抓手和推进方向便是一系列的进口贸易方面的改革深化。

第三，从对外资的利用视域看。当前，要素资源在国际和区域间的跨境流动性越来越强，这也构成了全球价值链分工深入发展所伴随的一个突出特征。换言之，全球价值链的区域布局同时表现为生产阶段和环节的分解以及在价值增值环节的国际梯度转移，这两个过程中都同时伴随有相关资源要素的流动。在我国对外贸易发展的实践中，特别是改革开放40年来，最为典型的表现就是对外直接投资所带动的如科学技术、管理制度、营销手段等一系列相关生产要素资源的国际和区域间的跨境流动。这一点在珠三角等区域表现得尤为典型，即通过大量引进外资与珠三角本上(如廉价劳动力等)优势资源要素相结合，共同参与跨国公司全球价值链生产体系而造就了全球的出口贸易平台。从微观外贸企业角度来看，我国出口贸易高速增长离不开外资企业在其中所扮演的重要角色和做出的贡献。因此，从这一角度来看，利用外资也成为我国外贸企业积极参与和全面融入全球价值链的一种创新方式和有效手段，合理有效地利用外资也成为外贸发展的重要供给侧层面决定因素之一。于是，利用外资的效率和禀赋层次如何，在很大程度上决定了融入效率和参与全球价值链的方式禀赋层次如何，决定了外贸企业在全球价值链分工中的位置，进而表现为外贸发展的层次和水平如何。基于上述意义，外贸供给侧结构性改革所涉及的一个必然改革领域就是外资利用领域。值得注意的是，伴随当前全球贸易和世界投资自由化的进一步深入发展，资源的国际和区域间的跨境流动性无疑会进一步增强；而在新一轮的开放深化发展过程中，继续引进外资仍将是我国发展开放型经济的重要方式和有效抓手，只不过关键的问题是，利用外资的战略和策略应随经济发展的阶段而进行适应性调整。在新常态阶段，怎样利用外资才能更好地服务于外贸转型升级发展，更好地服务于新时代我国经济创新驱动发展，已然成为我国外资领域供给侧结构性改革的重要方面。

第四，从“走出去”角度来看。一国或区域要通过利用全球生产资源要素与自身优势资源要素相结合的路径全面融入价值链分工体系，其基本上存在两种选择：一是通过引进外资与本土资源要素相结合；二是通过利用对外直接投资与当地区域的优势生产要素相结合。无论是哪种形式的组合方式或者融入全球价值链的分工方式，由此所产生的对外贸易已经远远超出了传统的以“国别”为界限的进出口范畴。我国本土外贸企业通过走出去，与当地的生产要素资源相结合，其形成的全球化产品生产能力促使产品的全球流转实现，虽然外贸数字不体现，但我国仍可获取可观的贸易利润，实质上这也是一种外贸发展。所以，在全球价值链分工条件下，对外贸流转的表现也应重新审视。从这一点来理解，“走出去”参与全球价值链分工体系，其外贸内涵和意义更为完整和清晰。实际上，完整意义上的开放型经济发展应该是一个双向循环系统，既有引进来也有走出去。过去一段时间，我国外贸经济主要以引进来为主融入全球价值链分工体系；而当前的本土外贸企业“走出去”往往是作为一个主动的“整合者”的身份，融入全球价值链分工体系并更多地体现在对全球价值链的构建和掌控能力上，也意味着外贸发展更多地由被动式发展转变为主动式发展。因此，在全球价值链分工条件下，外贸供给侧结构性改革的另一重要层面因素就是“走出去”战略改革。

第五，从开放领域角度来看。以往我国发展开放型经济，主要体现在制造业领域，即我国参与国际分工的主要表现就是融入制造业价值链，在开放领域上具有典型的“制造业突进”的特点，相对而言，服务业开放则显得相对不足。如前文所述，当前世界范围内的全球价值链发展变化趋势，正是在由以往的制造业领域向服务业拓展。近年来全球贸易结构不断向服务业倾斜，以及全球对外直接投资领域逐步形成以服务业为主导的实践特征，就是对这个变化趋势的一个印证。我国在制造业领域已经取得了举世瞩目的成就，在此基础上，我国外资领域供给侧结构性改革未来亟须快速融入服务业全球化以及碎片化的国际分工体系，充分利用和挖掘服务业发展所存在的巨大潜力，大力引进服务业 FDI 和发展服务贸易。当融入全球价值链进而发展外贸的方式从传统制造业领域向服务业领域拓展后，更需要供给侧结构性改革。因为制造业领域的对外开放主要表现为以关税和非关税壁垒降低的边境开放措施的推行，而服务业领域的对外开放相对而言与边境开放关系不大，因此服务业开放更多地表现为境内开放措施的推行，所以相应地需要相关的境内开放措施即外贸供给侧结构性改革。总而言之，转变外贸发展方式，才能实现货物贸易和服务贸易的协调发展，在全球价值链分工条件下，外贸供给侧结构性改革的重点便是在服务经济领域推行必要的改革措施，从而将开放领域从制造业拓展至服务业。

# 参考文献

References


[1] 贾康．新供给经济学[M]. 太原：山西经济出版社，2015.

[1] 贾康，苏京春．新供给经济学[M]. 北京：中国经济出版社，2015.

[2] 滕泰．更新供给结构、放松供给约束、解除供给抑制——新供给主义经济学的理论创新[J]. 世界经济研究，2013(12)：3-8.

[3] 胡鞍钢，周绍杰，任皓．供给侧结构性改革——适应和引领中国经济新常态[J]. 清华大学学报(哲学社会科学版)，2016(2)：45-45.

[4] [美]杰弗里·蒂蒙斯．创业学[M]. 6版．周伟民，吕长春，译．北京：人民邮电出版社，2005.

[5] Anderson N R，West M A. Measuring Climate for Work Group Innovation：Development and Validation of the Team Climate Inventory[J]. Journal of Organizational Behavior，1998，19(3)：235-258.

[6] Gary Johns. The Essential Impact of Context on Organizational Behavior [J]. The Academy of Management Review，2006，31(2)，386-408.

[7] 邢红．人本主义心理学对创新教育的启示[J]. 广州大学学报(社会科学版)，2003，2(2)：52-55.

[8] 陈琳．文化视阈中的大学创新教育[J]. 南通职业大学学报，2009，23(4)：33-37.

[9] 金德智，韩美贵，杨建明．关于大学教育创新的人性反思[J]. 中国建设教育，2010(Z1)：16-19.

[10] 董美娟．主体性教育理论视角下大学生创业主体性培养路径[J]. 开封教育学院学报，2014(10)：76-77.

[11] 尤彧聪．大数据时代教育统计工作改革创新模式研究——数据深度挖掘在高校教育统计中的创新应用[C]. Proceedings of 2016 2nd International Conference on Education and Management Science(ICEMS 2016)，2016.

[12] Mincer J. Schooling，Experience，and Earnings. Human Behavior & Social Institutions No. 2[M]. New York：Columbia University Press，1974.

[13] 李雪松，詹姆斯·赫克曼．选择偏差、比较优势与教育的异质性回报：基于

中国微观数据的实证研究[J]. 经济研究，2004(4)：91-99.

[14]Heckman J J. Sample Selection Bias as a Specification Error[J]. Econometrica，1979，47(1)：153-161.

[15] 尤彧聪，易露霞．比较优势、交易成本与广东外贸制度创新驱动路径实证研究[J]. 社会科学：文摘版，2016(10)：100-101.

[16] Laffer A B，Canto V A，Eastin R V，et al. A High Road for the American Automobile Industry[J]. World Economy，2010，8(3)：267-286.

[17] Solow R M. A Contribution to the Theory of Economic Growth[J]. Quarterly Journal of Economics，1956，70(1)：65-94.

[18] David Dollar，Aart Kraay. Trade，Growth，and Poverty[J]. The Economic Journal，2004，114(493)：F22-F49.

[19] Kumar S，Russell R R. Technological Change，Technological Catch-up，and Capital Deepening：Relative Contributions to Growth and Convergence [J]. American Economic Review，2002，92(3)：527-548.

[20] Voutsinas I，Tsamadias C. Does Research and Development Capital Affect Total Factor Productivity? Evidence from Greece[J]. Economics of Innovation & New Technology，2014，23(7)：631-651.

[21] Tebaldi E. The Dynamics of Total Factor Productivity and Institutions [J]. Journal of Economic Development，2016(41)：4.

[22] Klenow P J，Rodríguez-Clare A. The Neoclassical Revival in Growth Economics：Has It Gone Too Far? [J]. Nber Macroeconomics Annual，1997，12 (Volume 12)：107-113.

[23] Ryszard Rapacki，Mariusz Próchniak. Economic Growth Accounting in Twenty-Seven Transition Countries，1990-2003[J]. Eastern European Economics，2009，47(2)：69-112.

[24] Chaudhry A. Total Factor Productivity Growth in Pakistan：An Analysis of the Agricultural and Manufacturing Sectors[J]. Lahore Journal of Economics，2009，14(3)：1-16.

[25] Turner C，Tamura R，Mulholland S E. How Important Are Human Capital，Physical Capital and Total Factor Productivity for Determining State Economic Growth in the United States，1840—2000? [J]. Journal of Economic Growth，2013，18(4)：319-371.

[26] R Kneller，M Pisu. The Returns to Exporting：Evidence from UK Firms [J].

Canadian Journal of Economics/Revue Canadienne Déconomique，2010，43(2)：494-519.

[27] M Ilyas，U Riaz. Comparative Evaluation of Common Measures of Total Factor Productivity：Evidence from South Asia[J]. Pakistan Economic and Social Review，2016，54(2)：275-296.

[28] 吴敬琏．不能把“供给侧结构性改革”和“调结构”混为一谈[J]. 中国经贸导刊，2016(10)：33-34.

[29] 李奕．教育改革，“供给侧 ”是关键[N]. 人民日报，2016-01-14.

[30] 孙志军．中国教育个人收益率研究：一个文献综述及其政策含义[J]. 中国人口科学，2004(5)：65-72.

[31] 尤彧聪，易露霞．基于耦合理论的广东省科技型外贸企业金融供给侧结构性改革的实证研究[J]. 经贸实践，2016(22)：1.

[32] 吴传清，董旭．长江经济带工业全要素生产率分析[J]. 武汉大学学报(哲学社会科学版)，2014，67(4)：31-36.

[33] 殷颂葵．青海省全要素生产率估算及经济增长源泉分析：1952—2012[J]. 山东行政学院学报，2014(7)：40-44.

[34] 余泳泽．中国省际全要素生产率动态空间收敛性研究[J]. 世界经济，2015(10)：30-55.

[35] 韩瑞姣．中国省域经济的全要素生产率测算分析[J]. 经营管理者，2017(1)：17-19.

[36] 杨汝岱．中国制造业企业全要素生产率研究[J]. 经济研究，2015(2)：61-74.

[37] 刘清泉，江华．中国林业全要素生产率测算[J]. 统计与决策，2017(4)：146-149.

[38] 陈启清，贵斌威．金融发展与全要素生产率：水平效应与增长效应[J]. 经济理论与经济管理，2013，V33(7)：58-69.

[39] 简泽，张涛，伏玉林．进口自由化、竞争与本土企业的全要素生产率——基于中国加入 WTO 的一个自然实验[J]. 经济研究，2014(8)：120-132.

[40] 谢建国，吴国锋．对外贸易与中国的经济增长绩效——基于 1978—2011 年中国省际面板数据的研究[J]. 中国经济问题，2014(6)：26-39.

[41] 王文静，刘彤，李盛基．人力资本对我国全要素生产率增长作用的空间计量研究[J]. 经济与管理，2014，V28；237(2)：22-28.